Nelson Santos

Reta Final
EsPCEx
Química

Rio de Janeiro
Edição do Autor
Nelson do Nascimento Silva dos Santos
2017

Reta Final – EsPCEx – Química
Copyright©Nelson do Nascimento Silva dos Santos, Editor 2017

Editor: Nelson do Nascimento Silva dos Santos
Supervisão Editorial: Equipe NHS
Capa: Equipe NHS
Diagramação: Equipe NHS

Ficha Catalográfica

SANTOS, Nelson do Nascimento Silva dos
Reta Final – EsPCEx – Química
Rio de Janeiro: Nelson do Nascimento Silva dos Santos, Editor, 2017
1. Química I – Título ISBN: 978-85-913325-1-9　　　　　　　　　　　CDD 540

Dedicatória

Para Helena,

mulher que o SENHOR me concedeu como minha Rebeca, e que é merecedora desta palavra:

Mulher virtuosa, quem a achará? O seu valor muito excede o de finas jóias.
O coração de seu marido confia nela, e não haverá falta de ganho.
Ela lhe faz bem e não mal, todos os dias da sua vida.

...

Enganosa é a graça, e vã, a formosura, mas a mulher que teme ao SENHOR,
essa será louvada.

Provérbios 31:10–12 e 30

este livro é dedicado.

P.S. Dedicatória pode ter P.S.? Não sei, mas esta tem...

Para Helena,
que me tornou dependente químico de seu riso franco e de sua alegria.

Palavras para nossas vidas

Porque desde a antiguidade não se ouviu, nem com ouvidos se percebeu, nem com os olhos se viu Deus além de ti, que trabalha para aquele que nele espera.

Isaías 64:4

Nem olhos viram, nem ouvidos ouviram, nem jamais penetrou em coração humano o que Deus tem preparado para aqueles que o amam.

1 Coríntios 2:9

Então, fez o SENHOR chover enxofre e fogo, da parte do SENHOR, sobre Sodoma e Gomorra. E subverteu aquelas cidades, e toda a campina, e todos os moradores das cidades, e o que nascia na terra. E a mulher de Ló olhou para trás e converteu-se numa estátua de sal. Tendo-se levantado Abraão de madrugada, foi para o lugar onde estivera na presença do SENHOR; e olhou para Sodoma e Gomorra e para toda a terra da campina e viu que da terra subia fumaça, como a fumarada de uma fornalha.

Gênesis 19:24–28

Não temas, ó terra, regozija-te e alegra-te, porque o SENHOR faz grandes coisas. Não temais, animais do campo, porque os pastos do deserto reverdecerão, porque o arvoredo dará o seu fruto, a figueira e a vide produzirão com vigor. Alegrai-vos, pois, filhos de Sião, regozijai-vos no SENHOR, vosso Deus, porque ele vos dará em justa medida a chuva; fará descer, como outrora, a chuva temporã e a serôdia. As eiras se encherão de trigo, e os lagares transbordarão de vinho e de óleo. Sabereis que estou no meio de Israel e que eu sou o SENHOR, vosso Deus, e não há outro; e o meu povo jamais será envergonhado.

Joel 2:21–24 e 27

Ainda que a figueira não floresça, nem haja fruto na vide; o produto da oliveira minta, e os campos não produzam mantimentos; as ovelhas sejam arrebatadas do aprisco, e nos currais não haja gado, todavia eu me alegro no SENHOR, exulto no Deus da minha salvação. O SENHOR Deus é a minha fortaleza, e faz os meus pés como os da corça, e me faz andar altaneiramente.

Habacuque 3:17–19

Prefácio da Professora Raquel Berco

Foi com imenso prazer que eu aceitei prefaciar este livro do meu querido amigo e ex-professor **Nelson Santos**. Este é, de fato, mais um trabalho brilhante, onde pode-se encontrar uma nova abordagem acerca da **Química** para a **EsPCEx**.

O autor, além de desenvolver as questões da própria instituição, faz uma cuidadosa seleção de exercícios que são muito coerentes com a abordagem da banca. Essa nova maneira de apresentar é excelente, pois os alunos podem ter um acervo maior de questões com visões mais amplas de seus conteúdos. Na minha época de vestibulanda, **Nelson Santos** ainda não tinha começado a lançar seus livros. Por isso, não pude estudar por um material tão rico e peculiar. Hoje, licenciada em Química pela Universidade Federal do Rio de Janeiro (UFRJ) e atuando como professora de Ensino Médio e Pré-vestibular, vejo a importância de se ter um material dedicado a cada público específico. Esse cuidado que o autor tem em elaborar seus livros e o seleto conteúdo advindo de uma vasta experiência acadêmica, fruto de muito estudo, é o segredo para que vários alunos de todo o Brasil se sintam confiantes em adquirirem seus livros.

Além de seus livros atenderem a vários estudantes de todo o Brasil, eles também são fonte de consulta e inspiração para diversos professores. Confesso que eu mesma – e vários outros colegas – tenho vários títulos do autor, que utilizo para moldar ou até mesmo aprofundar algumas de minhas aulas, o que mostra a importância desse material não somente para os alunos, como também para os docentes.

Deixo aqui a minha visão, que está bem resumida por caber a mim o espaço do prefácio, sobre **Nelson Santos** e seus trabalhos de excelência, o que me fez necessariamente resumir, pois em apenas uma página não caberiam inúmeros elogios para uma pessoa tão maravilhosa, dedicada, inteligente e que faz um trabalho tão bonito.

Professora Raquel Berco Machado

Introdução

Meu primeiro livro foi lançado em 2007: **PROBLEMAS DE FÍSICO-QUÍMICA – IME • ITA • OLIMPÍADAS**.

Para mim (e para Heleninha, minha maior incentivadora) foi a realização de um sonho. Hoje, dez anos depois, continuo na estrada, me aventurando a escrever livros que, através dos exercícios resolvidos – parte indispensável da preparação de quem vai desafiar concursos – tenham, na resolução destes exercícios, toques de teoria que deem suporte a estes exercícios.

Não escrevo livros para mim. Escrevo na intenção de ajudar pessoas a realizarem seus sonhos. Comecei a dar aulas de **Química** em 1970, e julgo meu trabalho pelos alunos a quem pude ajudar, inspirar, motivar. Olho para trás e vejo muitos ex-alunos e ex-alunas que realizaram seus sonhos.

Comecei a lecionar na Cidade Maravilhosa do Rio de Janeiro, e fui deixando rastros de giz e de amizades por Petrópolis, Volta Redonda, Duque de Caxias, Nova Iguaçu, Rio das Ostras, Curitiba, Porto Alegre, Goiânia, Brasília, Teresina, Nilópolis, Niterói, Maricá... Por todos estes lugares a **Química** me levou. E até onde a **Química** vai me levar, só o meu **SENHOR** sabe. Já perdi faz muito tempo a conta de a quantas cidades meus livros já chegaram...

Este livro agora em suas mãos é meu quinto trabalho para a **EsPCEx**. A deliberada intenção é estar sempre atualizado. É indispensável estar plenamente a par do que está acontecendo no *aqui e agora*.

O roteiro ideal de preparação para a **EsPCEx** se divide em três partes:

• dominar a parte teórica do programa apresentado no Edital;

• resolver muitas questões de provas anteriores da **EsPCEx**: o livro **EsPCEx no Século XXI** atende a esta necessidade;

• na **Reta Final**, resolver questões semelhantes às da **EsPCEx**, mas inéditas.

Este livro objetiva atender a esta terceira parte. As questões aqui apresentadas poderiam estar numa prova da **EsPCEx**. A maioria delas foi retirada do arquivo pessoal do autor. E **todas** são detalhadamente resolvidas. Não é gabarito: é resolução comentada, como se estivéssemos em sala de aula.

Resumindo, é assim que você, candidato à **EsPCEx**, deve proceder: estude a teoria ao longo do ano, resolva os exercícios na ordem em que você aprender a teoria e... domine o assunto! Sem mágica. Só trabalho, bem orientado por seus professores, auxiliado por mim e bem realizado por você.

Chegou à reta final? Trabalhe estas questões, e sua será a **vitória**.

Minha palavra agora para você é inspirada (como quase sempre) em Davi e Golias. Golias é o Ameaçador. Não há nenhuma menção de que jamais tenha matado alguém. Mas ameaçava, afrontava, intimidava... e o lado psicológico define, com desagradável frequência, vencedores e perdedores.

Se o concurso que você vai fazer é o seu Golias, seja Davi!

Que este livro seja em suas mãos um dos *seixos do ribeiro* que Davi separou. O final da história, todos sabemos.

E tomou o seu cajado na mão, e escolheu para si cinco seixos do ribeiro, e pô--los no alforge de pastor, que trazia, a saber, no surrão, e lançou mão da sua funda e se foi chegando ao filisteu.

1 Samuel 17:40

Deus abençoe você e sua casa.

Nelson Santos,
no coração do Rio de Janeiro,
no outono—inverno de 2017.

Treine enquanto eles dormem...
Estude enquanto eles se divertem...
Persista enquanto eles descansam...
E então...
VIVA o que eles SONHAM.

Programa de Química

a...**Matéria e Substância**: Propriedades gerais e específicas; estados físicos da matéria - caracterização e propriedades; misturas, sistemas, fases e separação de fases; substâncias simples e compostas; substâncias puras; unidades de matéria e energia.

b...**Estrutura Atômica Moderna**: Introdução à Química; evolução dos modelos atômicos; elementos químicos: principais partículas do átomo, número atômico e número de massa, íons, isóbaros, isótonos, isótopos e isoeletrônicos; configuração eletrônica: diagrama de Pauling, regra de Hund (Princípio de exclusão de Pauli) e números quânticos.

c...**Classificações Periódicas**: Histórico da classificação periódica; grupos e períodos; propriedades periódicas: raio atômico, energia de ionização, afinidade eletrônica, eletropositividade e eletronegatividade.

d...**Ligações Químicas**: Ligações iônicas, ligações covalentes e ligação metálica; fórmulas estruturais: reatividade dos metais.

e...**Características dos Compostos Iônicos e Moleculares**: Geometria molecular: polaridade das moléculas; forças intermoleculares; número de oxidação; polaridade e solubilidade.

f...**Funções Inorgânicas**: Ácidos, bases, sais e óxidos; nomenclaturas, reações, propriedades, formulação e classificação.

g...**Reações Químicas**: Tipos de reações químicas; previsão de ocorrência das reações químicas: balanceamento de equações pelo método da tentativa e oxirredução.

h...**Grandezas Químicas**: Massas atômicas e moleculares; massa molar; quantidade de matéria e número de Avogadro.

i...**Estequiometria**: Aspectos quantitativos das reações químicas; cálculos estequiométricos; reagente limitante de uma reação e leis químicas (leis ponderais).

j...**Gases**: Equação geral dos gases ideais; leis de Boyle e de Gay-Lussac: equação de Clapeyron; princípio de Avogadro e energia cinética média; misturas gasosas, pressão parcial e lei de Dalton; difusão gasosa, noções de gases reais e liquefação.

k...Termoquímica: Reações endotérmicas e exotérmicas; tipos de entalpia; Lei de Hess, determinação da variação de entalpia e representações gráficas; e cálculos envolvendo entalpia.

l...Cinética: Velocidade das reações; fatores que afetam a velocidade das reações; e cálculos envolvendo velocidade da reação.

m...Soluções: Definição e classificação das soluções; tipos de soluções, solubilidade, aspectos quantitativos das soluções; concentração comum; concentração molar ou molaridade, título, densidade; relação entre essas grandezas: diluição e misturas de soluções; e análise volumétrica (titulometria).

n...Equilíbrio Químico: Sistemas em equilíbrio; constante de equilíbrio; princípio de Le Chatelier; constante de ionização; grau de equilíbrio; grau de ionização; efeito do íon comum; hidrólise; pH e pOH; produto de solubilidade; reações envolvendo gases, líquidos e gases.

o...Eletroquímica: Conceito de ânodo, cátodo e polaridade dos eletrodos; processos de oxidação e redução, equacionamento, número de oxidação e identificação das espécies redutoras e oxidantes; aplicação da tabela de potenciais padrão; pilhas e baterias; equação de Nernst; corrosão; eletrólise e Leis de Faraday.

p...Radioatividade: Origem e propriedade das principais radiações; leis da radioatividade; cinética das radiações e constantes radiativas; transmutações de elementos naturais; fissão e fusão nuclear; uso de isótopos radioativos; e efeitos das radiações.

q...Princípios da química orgânica: Conceito: funções orgânicas: tipos de fórmulas; séries homólogas: propriedades fundamentais do átomo de carbono, tetravalência, hibridização de orbitais, formação, classificação das cadeias carbônicas e ligações.

r...Análise orgânica elementar: determinação de fórmulas moleculares.

s...Funções orgânicas: Hidrocarbonetos, álcoois, aldeídos, éteres, cetonas, fenóis, ésteres, ácidos carboxílicos, sais de ácidos carboxílicos, aminas, amidas e nitrocompostos: nomenclatura, radicais, classificação, propriedades físicas e químicas, processos de obtenção e reações.

Geometria Molecular: Modelo VSEPR

Apresentamos aqui um resumo do modelo **VSEPR** (*Valence Shell Electronic Pairs Repulsion*) de predição de Geometria Molecular. Assim, em que todas as questões em que a geometria de uma molécula ou de um íon covalente for necessária, recorra a este resumo. A primeira parte corresponde a escrever a estrutura no esquema **AL$_m$E$_n$**, na qual:

A	átomo central
L	ligante
E	par de elétrons não-ligante pertencente ao átomo central
m	número de ligantes
n	número de pares de elétrons não-ligantes pertencentes ao átomo central
m + n	número estérico, fornece a geometria dos pares eletrônicos

Quadro de Geometria dos Pares Eletrônicos

m + n	Geometria dos Pares	Ângulos
2	linear	180°
3	trigonal plana	120°
4	tetraédrica	109° 28'
5	bipirâmide trigonal	120°, 90°, 180°
6	bipirâmide quadrada	90°, 180°
7	bipirâmide pentagonal	72°, 90°, 180°

Resumo de Funções Orgânicas

PRINCIPAIS SUBSTITUINTES ORGÂNICOS

H_3C-	H_3C-CH_2	$H_3C-CH_2-CH_2$	$H_3C-CH-CH_3$
metil	etil	n-propil	iso(sec)-propil
$H_3C-CH_2-CH_2-CH_2$	$H_3C-CH_2-CH-CH_3$	$H_3C-CH-CH_2$ com CH_3	$H_3C-C-CH_3$ com CH_3
n-butil	sec-butil	iso-butil	terc-butil
$H_2C=CH-$	fenil	orto-toluil	meta-toluil
vinil	fenil	orto-toluil	meta-toluil
para-toluil	benzil	α-naftil	β-naftil

NOMENCLATURA

PREFIXO: NÚMERO DE CARBONOS	
1 C	MET
2 C	ET
3 C	PROP
4 C	BUT
5 C	PENT
6 C	HEX
7 C	HEPT
8 C	OCT
9 C	NON

10 C	DEC
11 C	UNDEC
12 C	DODEC
13 C	TRIDEC
14 C	TETRADEC
20 C	EICOS
INTERMEDIÁRIO: SATURAÇÃO DA CADEIA	
Saturada	AN
Insaturada	
1 dupla	EN
2 duplas	DIEN
3 duplas	TRIEN
1 tripla	IN
2 triplas	DIIN
3 triplas	TRIIN
1 dupla e 1 tripla	ENIN
SUFIXO: FUNÇÃO	
HIDROCARBONETOS	O
ÁLCOOL (ENOL)	OL
ALDEÍDO	AL
CETONA	ONA
ÁCIDO CARBOXÍLICO	OICO

ORDEM DE PRIORIDADE DAS FUNÇÕES
ÁCIDO – AMIDA – ALDEÍDO – CETONA – ÁLCOOL – AMINA – ÉTER – HALETO

Classe Funcional	Grupo Funcional	Exemplo
álcool	$-\overset{\displaystyle |}{\underset{\displaystyle |}{C}}-OH$	$CH_3-CH_2-CH_2-OH$
		1-propanol

fenol	$C_{aromático}$—OH	$\begin{array}{c}\text{benzeno ring}\text{—OH}\end{array}$ benzenol, fenol comum ou hidroxibenzeno
enol	$\begin{array}{c}\text{OH}\\ =\overset{\|}{C}\\ \end{array}$	CH_3—CH=CH—OH 1-propen-1-ol
aldeído	$\begin{array}{c}O\\ \|\|\\ -C\\ \|\\ H\end{array}$	CH_3—CH_2—CH_2—CHO butanal
cetona	$\begin{array}{c}O\\ \|\|\\ -C_{secundário}\\ \end{array}$	CH_3—CH_2—CO—CH_2—CH_3 3-pentanona
ácido carboxílico	$\begin{array}{c}O\\ \|\|\\ -C\\ \|\\ OH\end{array}$	CH_3—CH_2—CH_2—CO_2H ácido butanoico
éter	—O—	CH_3—O—CH_2—CH_2—CH_3 1-metóxipropano
éster	$\begin{array}{c}O\\ \|\|\\ -C\\ \|\\ O—\end{array}$	CH_3—CH_2—CH_2—COO—CH_2—CH_3 butanoato de etila
haleto de alquila	$R_{alquila}$—X (F, Cl, Br, I)	CH_3—CH_2—CH_2—Cl 1-cloropropano
haleto de arila	R_{arila}—X (F, Cl, Br, I)	benzeno ring—Br bromobenzeno
haleto de ácido	$\begin{array}{c}O\\ \|\|\\ -C\quad(F, Cl, Br, I)\\ \|\\ X\end{array}$	CH_3—CH_2—CH_2—CO—Cl cloreto de butanoila

sal de ácido carboxílico	(estrutura: $-C(=O)-OMetal$)	$CH_3-CH_2-COONa$	
		propanoato de sódio	
anidrido de ácido	(estrutura: $-C(=O)-O-C(=O)-$)	$CH_3-CO-O-CO-CH_3$	
		anidrido etanoico	
amina	primária	$-NH_2$	$CH_3-CH_2-CH_2-NH_2$
			1-propanoamina
	secundária	$-NH-$	$CH_3-NH-CH_2-CH_3$
			N,N-metil-etanamina
	terciária	$-N-$	$H_3C-N(-CH_3)(-CH_2CH_3)$
			N-dimetil-etanamina
amida	(estrutura: $-C(=O)-N-$)	$CH_3-CH_2-CONH_2$	
		propanamida	
		$CH_3-CH_2-CONH-CH_3$	
		N-metilpropanamida	
nitrocomposto	$-NO_2$	$CH_3-CH_2-CH_2-NO_2$	
		1-nitropropano	
ácido sulfônico	$-SO_3H$	(benzeno)$-SO_3H$	
		ácido benzenossulfônico	
nitrila	$-C\equiv N$	$CH_3-CH_2-CH_2-C\equiv N$	
		butanonitrila	
composto de Grignard	$-Mg-X$ (F, Cl, Br, I)	$CH_3-CH_2-CH_2-MgCl$	
		cloreto de propil magnésio	

IUPAC Periodic Table of the Elements

1	2	3	4	5	6	7	8	9	10	11	12	13	14	15	16	17	18
1 H hydrogen [1.0078, 1.0082]																	2 He helium 4.0026
3 Li lithium [6.938, 6.997]	4 Be beryllium 9.0122											5 B boron [10.806, 10.821]	6 C carbon [12.009, 12.012]	7 N nitrogen [14.006, 14.008]	8 O oxygen [15.999, 16.000]	9 F fluorine 18.998	10 Ne neon 20.180
11 Na sodium 22.990	12 Mg magnesium [24.304, 24.307]											13 Al aluminium 26.982	14 Si silicon [28.084, 28.086]	15 P phosphorus 30.974	16 S sulfur [32.059, 32.076]	17 Cl chlorine [35.446, 35.457]	18 Ar argon [39.792, 39.963]
19 K potassium 39.098	20 Ca calcium 40.078(4)	21 Sc scandium 44.956	22 Ti titanium 47.867	23 V vanadium 50.942	24 Cr chromium 51.996	25 Mn manganese 54.938	26 Fe iron 55.845(2)	27 Co cobalt 58.933	28 Ni nickel 58.693	29 Cu copper 63.546(3)	30 Zn zinc 65.38(2)	31 Ga gallium 69.723	32 Ge germanium 72.630(8)	33 As arsenic 74.922	34 Se selenium 78.971(8)	35 Br bromine [79.901, 79.907]	36 Kr krypton 83.798(2)
37 Rb rubidium 85.468	38 Sr strontium 87.62	39 Y yttrium 88.906	40 Zr zirconium 91.224(2)	41 Nb niobium 92.906	42 Mo molybdenum 95.95	43 Tc technetium	44 Ru ruthenium 101.07(2)	45 Rh rhodium 102.91	46 Pd palladium 106.42	47 Ag silver 107.87	48 Cd cadmium 112.41	49 In indium 114.82	50 Sn tin 118.71	51 Sb antimony 121.76	52 Te tellurium 127.60(3)	53 I iodine 126.90	54 Xe xenon 131.29
55 Cs caesium 132.91	56 Ba barium 137.33	57-71 lanthanoids	72 Hf hafnium 178.49(2)	73 Ta tantalum 180.95	74 W tungsten 183.84	75 Re rhenium 186.21	76 Os osmium 190.23(3)	77 Ir iridium 192.22	78 Pt platinum 195.08	79 Au gold 196.97	80 Hg mercury 200.59	81 Tl thallium [204.38, 204.39]	82 Pb lead 207.2	83 Bi bismuth 208.98	84 Po polonium	85 At astatine	86 Rn radon
87 Fr francium	88 Ra radium	89-103 actinoids	104 Rf rutherfordium	105 Db dubnium	106 Sg seaborgium	107 Bh bohrium	108 Hs hassium	109 Mt meitnerium	110 Ds darmstadtium	111 Rg roentgenium	112 Cn copernicium	113 Nh nihonium	114 Fl flerovium	115 Mc moscovium	116 Lv livermorium	117 Ts tennessine	118 Og oganesson

57 La lanthanum 138.91	58 Ce cerium 140.12	59 Pr praseodymium 140.91	60 Nd neodymium 144.24	61 Pm promethium	62 Sm samarium 150.36(2)	63 Eu europium 151.96	64 Gd gadolinium 157.25(3)	65 Tb terbium 158.93	66 Dy dysprosium 162.50	67 Ho holmium 164.93	68 Er erbium 167.26	69 Tm thulium 168.93	70 Yb ytterbium 173.05	71 Lu lutetium 174.97
89 Ac actinium 231.04	90 Th thorium 232.04	91 Pa protactinium 231.04	92 U uranium 238.03	93 Np neptunium	94 Pu plutonium	95 Am americium	96 Cm curium	97 Bk berkelium	98 Cf californium	99 Es einsteinium	100 Fm fermium	101 Md mendelevium	102 No nobelium	103 Lr lawrencium

Conteúdo

A figura abaixo é emblemática. É uma das geniais criações de M. C. ESCHER, denominada *Drawing Hands*. De uma maneira sutil, da mesma forma que as mãos se desenham (qual a realidade, qual a imagem?), o esforço para a resolução de um problema nos capacita. Ficamos mais fortes.

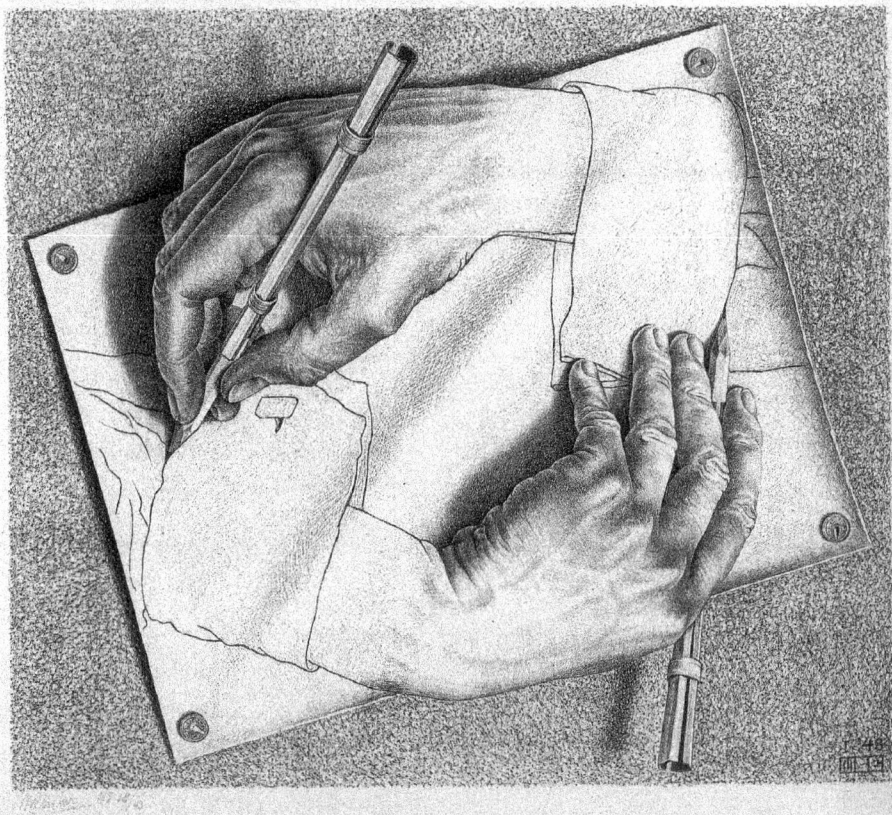

Ou seja, da mesma forma como construímos a solução de um problema, a solução de um problema nos constrói. Você pode ver aí a mão de Deus?

Deus não escolhe os capacitados. Capacita os escolhidos. *Albert Einstein*

1...Estudar Melhor

Este texto foi adaptado a partir de trabalhos do professor Hans Kurt Edmund Liesenberg, do Instituto de Computação da Unicamp.

Introdução

O objetivo deste texto é oferecer sugestões para um melhor aproveitamento de seu estudo. Aqui relacionamos alguns itens que julgamos importantes para quem se prepara para um concurso, no que diz respeito à *metodologia a ser adotada*, para um bom acompanhamento dos conteúdos necessários. A importância dos itens irá variar de acordo com a personalidade de cada um e a natureza do assunto a ser estudado.

O aspecto básico é que o preparo para um concurso é um empreendimento bastante sério, e que envolve muito *mais que simplesmente executar regularmente os trabalhos solicitados*. Espera-se que um candidato dedique parte significativa de seu tempo e energia aos estudos e atividades diretamente relacionadas a eles. As aulas não costumam esgotar todos os assuntos, mas pretendem expor conceitos fundamentais, com o objetivo de facilitar o estudo individual posterior. Desta forma, o comparecimento às aulas deve ser necessariamente complementado por estudo individual. Embora o candidato tenha responsabilidade sobre seu estudo, sempre haverá ajuda para aqueles que tenham maiores dificuldades. Os professores estão à disposição para discutir estas dificuldades com relação a aspectos de sua preparação.

É muito importante também estar atento às múltiplas formas de aprendizado extra-classe existentes. A frequência à bibliotecas, os recursos da Internet e a pesquisa ilustram algumas das muitas possibilidades de aquisição de conhecimentos.

Distribuição de Tempo

O problema central no preparo para um concurso é que *"existe muito a ser feito em pouco tempo"*. Portanto, falhas nos métodos de estudo devem ser retificadas o mais breve possível. Não é suficiente somente colocar o estudo em horas regulares previamente definidas. É preciso ter certeza de que o tempo está sendo bem utilizado.

Organização do Estudo

1   Tempo de estudo

Analise quanto do tempo de estudo é realmente produtivo. Pergunte a si mesmo: *Estou realmente aprendendo e raciocinando, ou somente esperando o tempo passar? Estou desperdiçando tempo fazendo uma interminável lista do que deve ser estudado em ocasiões futuras ou "passando a limpo" notas de aula sem pensar no que escrevo?* Tome cuidado em não ficar satisfazendo a consciência com uma série de atividades desnecessárias, que ocupam o tempo, nos livram do esforço de pensar e não são produtivas em vista do objetivo almejado.

2   Planejamento do trabalho

Planeje o trabalho a ser cumprido nas horas reservadas para o estudo durante a semana e o mês de modo a estar certo de que foi alocado o tempo necessário para cada assunto. *Dê prioridade às atividades mais importantes ou mais difíceis.* O tempo de estudo deve ser arranjado de modo que os assuntos que necessitem um estudo mais cuidadoso ou uma atenção especial sejam feitos em primeiro lugar, quando ainda se está com a "cabeça fria".

3   Descanso

Reserve tempo adequado para um intervalo de descanso. Estudar quando se está cansado é "anti-econômico": uns poucos minutos de descanso possibilitam aproveitar muito melhor as próximas horas de estudo. Outro perigo é o inverso, ou seja, períodos frequentes de descanso para pouco tempo de estudo.

4   Entender para aprender

Entender á a chave para aprender e aplicar o que foi aprendido. Se um tópico não foi bem entendido é aconselhável consultar os livros disponíveis, ou então discutir com um colega. Principalmente, não tenha receio de procurar o professor para esclarecer qualquer ponto que não esteja bem entendido. *A simples leitura das notas de aula ou de partes de um livro não é suficiente para efetivar o aprendizado.*

5   Pontos fundamentais e detalhes

Muitas vezes o estudo é desperdiçado porque os alunos entendem incorretamente o que se pede. Em todos os tópicos de estudo aparecerão fatos, técnicas ou habilidades a serem dominadas. Também existirão *princípios fundamentais que vão nortear e fundamentar tudo que está sendo aprendido. É importante estar sempre atento de forma a não se fixar apenas nos detalhes.*

6   Pensar

O aprendizado de qualquer tópico de estudo somente é eficaz quando ocorre durante o processo de se pensar sobre o que se faz. Em todos os assuntos, os professores geralmente procurarão relacionar a teoria apresentada a uma série de exemplos. É importante que durante o tempo de estudo os exemplos apresentados pelo professor sejam revistos, é importante procurar novos exemplos.

7   Exercícios

Faça os exercícios das listas propostas pelo professor. O ideal é que todos os exercícios propostos sejam resolvidos. *Quando isto não for possível*, por falta de tempo disponível, solicite ao professor que recomende os exercícios fundamentais. Procure exercícios nos livros disponíveis, e peça a opinião do professor sobre os exercícios a serem feitos. *Discuta as soluções encontradas com o professor ou com outros colegas, pois, muitas vezes, elas podem estar incorretas.*

Anotações em Aula

8   Saber anotar

Aprenda a tomar notas de aula. Não é suficiente anotar o que o professor escreve no quadro, anote também *pontos relevantes* do que o professor diz. É aconselhável deixar bastante espaço livre em suas notas, para depois colocar suas próprias observações e dúvidas. Use e abuse de letras maiúsculas, cores e grifos para destacar pontos importantes. Não tente tomar nota de tudo o que é dito em uma aula. Faça distinção entre meros detalhes e pontos chave. Muitos dos detalhes podem ser rapidamente recuperados em livros-texto. É importante saber que tomar notas implica em acompanhar a aula e resumir pontos. O ato de tomar notas não substitui o raciocínio.

9   Saber quanto anotar
Ficar apavorado por sentir que informações importantes estão sendo perdidas é sinal de que você está anotando em excesso. *Concentre-se nos pontos principais, resumindo-os ao máximo.* Deixe muito espaço em branco e então, assim que for possível, complete-os com exemplos e detalhes para ampliar a idéia geral.

10   Saber estudar as anotações
Procure ler as notas de aula sempre que possível depois de cada aula (e não somente em véspera de provas e simulados), marque pontos importantes e faça resumos. Este é um bom modo de começar seu tempo de estudo de cada dia. Ao reescrever suas notas de aula trabalhe, pense e verifique pontos. Não vale a pena recopiá-las de forma mecânica e caprichada.

Leitura

11   Antes
Antes de começar a ler um livro ou capítulo de um livro, é interessante lê-lo "em diagonal", ou seja, olhar rapidamente todo o texto. Isto dará uma idéia geral do assunto do livro ou capítulo e do investimento de tempo que será preciso para a leitura total.

12   Durante
Durante a leitura, pare periodicamente e *reveja mentalmente pontos principais do que acaba de ser lido.* Ao final, olhe novamente o texto "em diagonal", para uma rápida revisão.

13   Ritmo
Ajuste a velocidade de leitura para adaptá-la ao nível de *dificuldade* do texto a ser lido.

14   Trechos difíceis
Ao encontrar dificuldades em partes importantes de um texto, volte a elas sistematicamente. Não perca tempo simplesmente relendo inúmeras vezes o mesmo trecho. Uma boa estratégia costuma ser uma mudança de tópico de estudo e um posterior retorno aos trechos mais difíceis.

15   Trechos essenciais
Tome notas do essencial do que se está lendo. Tomar notas não significa copiar simplesmente o texto que está sendo lido. Geralmente não se tem muito tempo de reler nova-

mente os textos originais. Portanto, tomar notas é extremamente importante.

16   Textos em outras línguas

Uma parte dos textos e livros indicados não estarão em português. É importante ter uma técnica para ler textos em línguas das quais não se tem completo domínio. *Em princípio, não tente traduzir todas as palavras desconhecidas. Tente abstrair a idéia geral a partir do entendimento de algumas palavras-chave.* Sugere-se ter um bom dicionário, não apenas um de bolso ou direcionado para estudantes, pois estes são limitados. Para saber qual o melhor pergunte a um professor, ou informe-se em uma livraria que trabalhe com livros estrangeiros.

Assistência à Aula

17   Atenção

Assistir a aula não quer dizer somente estar de corpo presente em sala. Na época de preparação para um concurso, se passa uma parte significativa do dia dentro de uma sala de aula. Deve-se aprender a aproveitar este tempo, prestando atenção e tirando dúvidas.

18   Dúvidas

Não deixe dúvidas que surjam durante uma aula para serem resolvidas depois. *Perguntas geralmente ajudam o andamento da aula, auxiliam o professor e muitas vezes envolvem dúvidas comuns a outros colegas.* Tenha em mente que o bom andamento de um assunto é corresponsabilidade do professor e da turma de alunos. Lembre-se que a dúvida de hoje pode ser um grande problema amanhã e isso irá atrapalhar seu estudo.

19   Em dia com a matéria

Acompanhar as aulas implica ter em dia o assunto das aulas anteriores. *Procure disciplinar-se neste sentido, pois será difícil recuperar uma aula não compreendida.*

Conclusão

Note que nem todas estas sugestões são necessariamente adequadas para todos os estudantes. Cada pessoa deve criar sua própria técnica de estudo. É muito importante pensar sobre isto e reconsiderar técnicas de estudo que não estão sendo adequadas. Uma técnica eficiente de estudo desenvolvida de hoje em diante irá ser extremamente proveitosa durante toda sua vida profissional.

2...Matéria & Energia

Relações Matéria × Energia

1   A ciência propõe formas de explicar a natureza e seus fenômenos que, muitas vezes, confrontam o conhecimento popular ou o senso comum. Um bom exemplo desse descompasso é a explicação microscópica da flutuação do gelo na água. Do ponto de vista atômico, podem-se representar os três estados físicos dessa substância como nas figuras a seguir, nas quais as bolas representam as moléculas de água. Considerando-se as representações das moléculas de água nos três estados físicos e seu comportamento anômalo, é **CORRETO** afirmar que

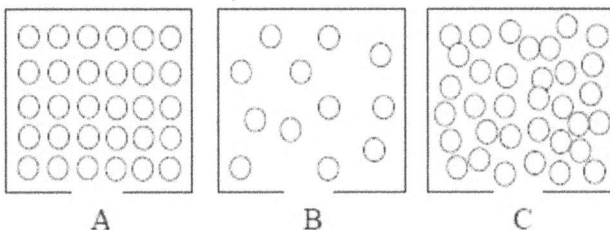

A   B   C

Considerando-se as representações das moléculas de água nos três estados físicos e seu comportamento anômalo, é CORRETO afirmar que

A   sólidos afundam na água.

B   a interação entre as moléculas está restrita ao estado sólido.

C   a figura **B** é a que melhor representa a água no estado líquido.

D   a figura **A** é a que melhor representa o gelo, ou seja, água no estado sólido.

E   sempre aumenta a distância entre as moléculas da substância à medida que a temperatura aumenta.

2   O grafite é uma variedade alotrópica do carbono. Trata-se de um sólido preto, macio e escorregadio, que apresenta brilho característico e boa condutibilidade elétrica, enquanto que o outro alótropo do carbono é um mineral conhecido como diamante. Considerando o fenômeno em apreço, são feitas as seguintes afirmações.

I   Alotropia é a capacidade que alguns poucos elementos apresentam de formar materiais diferentes devido ao fato de átomos de um mesmo elemento poderem apresentar diferentes massas atômicas, apesar de apresentarem o mesmo número atômico.

II   Diz-se que ocorre alotropia quando um mesmo elemento pode ser encontrado na composição de distintas substâncias compostas.

III   Carbono, enxofre, oxigênio e fósforo são elementos capazes de apresentar alotropia.

IV   Geralmente os alótropos de um mesmo elemento apresentam distintas propriedades.

São **CORRETAS** as afirmações feitas nas assertivas

A   I, II e III.   B   I, III e IV.   C   I e IV.

D   III e IV.   E   I, II, III e IV.

3   Para se isolar a cafeína (sólido, em condições ambientais) de uma bebida que a contenha (exemplos: café, chá, refrigerante etc.) pode-se usar o procedimento simplificado seguinte:

Agita-se um certo volume da bebida com dicloroetano e deixa-se em repouso algum tempo. Separa-se, então, a parte orgânica, contendo a cafeína, da aquosa. Em seguida, destila-se o solvente e submete-se o resíduo da destilação a um aquecimento, recebendo-se os seus vapores em uma superfície fria, onde a cafeína deve cristalizar.

Além da destilação e da decantação, quais operações são utilizadas no isolamento da cafeína?

A   Flotação e ebulição.   B   Extração e sublimação.

C   Extração e ebulição.   D   Flotação e sublimação.

E   Levigação e condensação.

4   Em uma aula prática de Química, um professor forneceu a seus alunos uma tabela contendo a densidade de algumas amostras e a curva de aquecimento de uma delas, denominada **X**.

Amostras	Densidade $g \cdot mL^{-1}$
água	1,00
etanol anidro	0,79
etanol hidratado	0,81
1-butanol	0,81
2-propanol hidratado	0,79

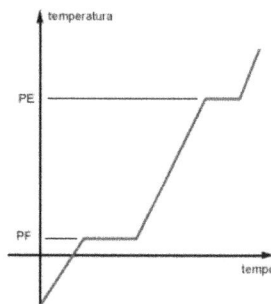

Após medir 20 mL de **X** em uma proveta, foi obtida a massa de 16,2 g para esta amostra. Logo, os alunos chegaram à conclusão correta que **X** é:

A   água.   B   1-butanol.   C   etanol anidro.

D   etanol hidratado.   E   2-propanol hidratado.

5   Durante uma investigação criminal, o perito determinou o exame das roupas da vítima. Para isso, ordenou o seguinte procedimento: queimar totalmente uma amostra do tecido em capela, recolher as cinzas em um frasco, tratá-las com água destilada, agitar e filtrar. O resíduo obtido no filtro, em estado de alta pureza, é o constituinte desejado. Certamente o perito criminal estava procurando:

A   mercúrio líquido.   B   maconha.   C   cocaína.

D   ouro em pó.   E   sangue.

6   Ácido acético e bromo, sob pressão de 1 atm, estão em recipientes imersos em banhos, como mostrado. Nas condições indicadas, qual é o estado físico preponderante de cada uma dessas substâncias?

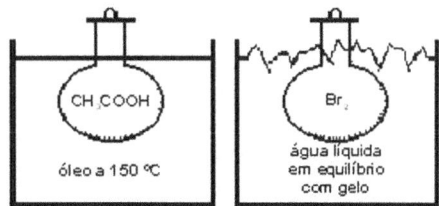

Substância	Temperatura de fusão	Temperatura de ebulição a 1 atm
ácido acético	17 °C	118 °C
bromo	−7 °C	59 °C

	ácido acético	bromo
A	sólido	líquido
B	líquido	gasoso
C	gasoso	sólido
D	sólido	gasoso
E	gasoso	líquido

7   Indicar a alternativa que representa um processo químico.

A   Dissolução de cloreto de sódio em água.

B   Fusão da aspirina.

C   Destilação fracionada de ar líquido.

D   Corrosão de uma chapa de ferro.

E   Evaporação de água do mar.

8   O naftaleno, comercialmente conhecido como naftalina, empregado para evitar baratas em roupas, funde em temperaturas superiores a 80 °C. Sabe-se que

bolinhas de naftalina, à temperatura ambiente, têm suas massas constantemente diminuídas, terminando por desaparecer sem deixar resíduo. Esta observação pode ser explicada pelo fenômeno da:

A   fusão.   B   sublimação.   C   solidificação.

D   liquefação.   E   ebulição.

9   A pressão ambiente, o iodo tem pontos de fusão e de ebulição superiores a 100 °C. Um estudante colocou iodo sólido em um frasco limpo, que foi hermeticamente fechado. O frasco ficou em repouso absoluto à temperatura ambiente. Após algum tempo, notou-se a formação de cristais de iodo na tampa do frasco devido à:

A   pressão osmótica do iodo.   B   sublimação do iodo.

C   fusão do iodo.   D   decomposição do iodo.

E   alta reatividade química do iodo.

10   Os recém descobertos fulerenos são formas alotrópicas do elemento químico carbono. Outras formas alotrópicas do carbono são:

A   isótopos de carbono-13.   B   calcário e mármore.

C   silício e germânio.   D   diamante e grafite.

E   monóxido e dióxido de carbono.

11   São dados, abaixo, diferentes procedimentos:

1   obtenção de sódio metálico a partir do NaCℓ.

2   separação de limalhas de ferro da areia, utilizando um ímã.

3   cristais de açúcar obtidos por evaporação da água da calda de um doce.

4   finos cristais de AgCℓ separados de sua suspensão em água.

5   obtenção de cobre por imersão de uma placa de zinco em uma solução aquosa de $CuSO_4$.

Assinale a opção que apresenta procedimentos com processos químicos:

A   1 e 5.   B   1, 3 e 5.   C   2 e 4.   D   3 e 4.   E   3 e 5.

12   Assinale a opção que indica corretamente os processos utilizados para separar os componentes das misturas abaixo:

I   solução aquosa de cloreto de potássio

II   petróleo

III   enxofre + água

IV   óleo + água

	Mistura I	Mistura II	Mistura III	Mistura IV
A	destilação simples	destilação fracionada	filtração	decantação
B	destilação simples	cristalização	decantação	liquefação fracionada
C	decantação	cristalização	filtração	liquefação fracionada
D	filtração	destilação simples	cristalização	decantação
E	filtração	destilação fracionada	decantação	destilação simples

13   Uma substância líquida foi resfriada no ar atmosférico. Durante o processo foram feitas medidas de tempo e temperatura que permitiram construir este gráfico.

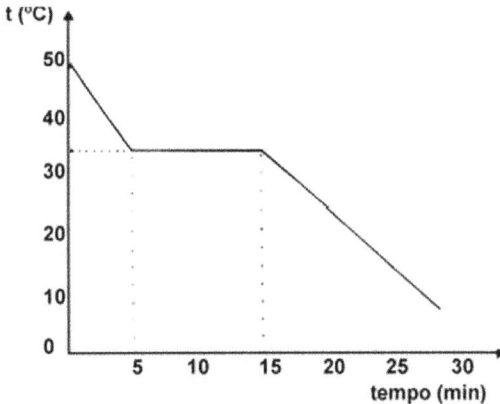

A análise desse gráfico permite concluir que todas as alternativas estão CORRETAS, EXCETO:

A   A solidificação ocorreu durante 10 minutos.

B   O sistema libera calor entre 5 e 15 minutos.

C   A temperatura de solidificação da substância é 35 °C.

D   A temperatura da substância caiu 5 °C/min até o início da solidificação.

E   A substância se apresentava nos estados líquido e sólido entre 5 e 15 minutos.

14   Petróleo, cloreto de sódio em água e dióxido de silício em água constituem misturas de substâncias químicas cujos componentes podem ser separados, respectivamente, por meio de:

A   evaporação; destilação; filtração.

B   destilação; evaporação; filtração.

C   filtração; evaporação; destilação.

D   filtração; destilação; evaporação.

E   destilação; filtração; evaporação.

15   O processo de destilação é empregado para separar:

A   misturas eutéticas.

B   misturas azeotrópicas.

C   misturas heterogêneas entre líquidos.

D   misturas homogêneas entre líquidos.

E   misturas heterogêneas entre sólidos.

16   Das alternativas abaixo, assinale a transformação que representa um fenômeno físico.

A   combustão da madeira.

B   enegrecimento de um objeto de prata quando exposto ao ar.

C   transformação que ocorre quando enxofre e limalha de ferro são aquecidos juntos.

D   dissolução do açúcar em água.

E   formação de água a partir de hidrogênio e oxigênio.

17   O gráfico ao lado representa a curva de aquecimento do paradiclorobenzeno em função do tempo. Essa substância é sólida à temperatura ambiente.

A   Que trecho da curva representa a fusão da substância?

B   O que representa o trecho CD do gráfico?

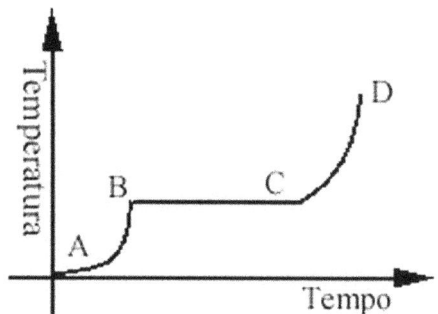

3...Átomos & Moléculas

Estrutura Atômica • Tabela Periódica • Ligações Químicas

... Estrutura Atômica ...

1 A figura ao lado representa três níveis de energia de um átomo. Com relação a essa figura, um estudante fez as seguintes afirmações:

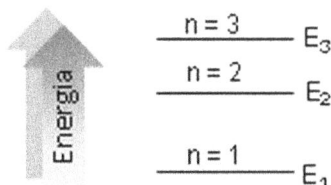

$$\frac{\quad n = 3 \quad}{} \; E_3$$
$$\frac{\quad n = 2 \quad}{} \; E_2$$
$$\frac{\quad n = 1 \quad}{} \; E_1$$

(Energia)

I   Um elétron precisa receber energia correspondente à diferença $(E_2 - E_1)$ para saltar de E_1 para E_2. Ao voltar para posição inicial, ele devolve a energia recebida na forma de ondas eletromagnéticas (por exemplo: luz).

II   O salto quântico de E_1 para E_3 é menos energético que o salto de E_1 para E_2.

III   O salto quântico de E_1 para E_2 libera energia na forma de luz.

Das afirmações acima, está(ão) CORRETA(S):

A   I.   B   II.   C   III.   D   I e II.   E   I, II e III.

2 Considere as seguintes afirmações, referentes à evolução dos modelos atômicos:

I   No modelo de Dalton, o átomo é dividido em prótons e elétrons.

II   No modelo de Rutherford, os átomos são constituídos por um núcleo muito pequeno e denso e carregado positivamente. Ao redor do núcleo estão distribuídos os elétrons, como planetas em torno do Sol.

III   O físico inglês Thomson afirma, em seu modelo atômico, que um elétron, ao passar de uma órbita para outra, absorve ou emite um quantum (fóton) de energia.

Das afirmações feitas, está(ão) CORRETA(S):

A   apenas III.   B   apenas I e II.   C   apenas II.

D   apenas II e III.   E   I, II e III.

3 O modelo atômico de Bohr complementou o modelo de Rutherford, porque através do estudo de raias espectrais conseguiu definir melhor a organização dos elétrons na eletrosfera. Assinale a única opção que, de acordo com esse modelo, justifica a liberação de luz em um átomo.

A   Quando os átomos se quebram em vários pedaços.

B   Pelos elétrons, quando são promovidos a níveis de menor energia.

C   Pelos elétrons, quando retornam, após a excitação, a níveis de menor energia.

D   Quando o núcleo do átomo se quebra em dois pedaços devido ao aquecimento.

E   Quando elétrons recebem energia e saltam para um nível de energia maior.

4   Uma manifestação comum nas torcidas de futebol é a queima de fogos de artifício coloridos, de acordo com as cores dos times. Fogos com a cor vermelha, por exemplo, contêm um elemento que possui, como mais energético, um subnível s totalmente preenchido. Assim, uma torcida para saudar o seu time com um vermelho brilhante, deverá usar fogos contendo o elemento cujo símbolo é:

A   Cd (Z = 48).   B   Cu (Z = 29).   C   K (Z = 19).

D   Sr (Z = 38).   E   Ag (Z = 47).

5   Quando se forma um cátion a partir de um átomo, elétrons são retirados preferencialmente do último nível. Assim, a distribuição eletrônica do íon Ga^{3+} (gálio, Z = 31) está apresentada na alternativa:

A $1s^2\,2s^2\,2p^6\,3s^2\,3p^6\,4s^2\,3d^{10}\,4p^1$.   B $1s^2\,2s^2\,2p^6\,3s^2\,3p^6\,4s^2\,3d^{10}$.

C $1s^2\,2s^2\,2p^6\,3s^2\,3p^6\,4s^2\,3d^8$.   D $1s^2\,2s^2\,2p^6\,3s^2\,3p^6\,3d^{10}$.

E $1s^2\,2s^2\,2p^6\,3s^2\,3p^6\,4s^2\,3d^{10}\,4p^4$.

6   Considere os casos da tabela abaixo:

caso	n	ℓ	m_ℓ
1	3	2	−2
2	3	1	0
3	3	0	−1
4	3	2	0
5	3	3	−2

Destas designações para estados quânticos, as que não descrevem um estado característico (permitido) para um elétron num átomo são:

A   1 e 4.   B   1 e 5.   C   2 e 3.   D   3 e 4.   E   3 e 5.

7   Certo átomo apresenta 4 elétrons no subnível de energia correspondente a n = 4 e ℓ = 1 (subnível mais energético). Podemos afirmar que o número de elé-

trons na camada N desse átomo é:

A   2.   B   8.   C   18.   D   4.   E   6.

8   O número atômico de um átomo cujo cátion trivalente apresenta a configuração eletrônica $1s^2\ 2s^2\ 2p^6$ é:

A   7.   B   10.   C   13.   D   3.   E   14.

9   Suponha que um elemento químico apresente duas variedades isotópicas cujas massas atômicas são M1 e M2, e cujas porcentagens na mistura natural são 25% e 75%, respectivamente. Nessas condições, a massa atômica do elemento será dada por:

A   M1 + M2.

B   ½ × (M1 + M2).

C   0,25 × M1 + 0,75 × M2.

D   M2 – M1.

E   0,01 × (M1 + M2).

10   Considere três átomos: A, B e C. Os átomos A e C são isótopos; os átomos B e C são isóbaros e os átomos A e B são isótonos. Sabendo que o átomo A tem 20 prótons e número de massa 41, e que o átomo C tem 22 nêutrons, os números quânticos do elétron mais energético do átomo B são:

A   n = 3; ℓ = 0; m = 2; s = –½.

B   n = 3; ℓ = 2; m = 0; s = –½.

C   n = 3; ℓ = 2; m = –1; s = +½.

D   n = 3; ℓ = 1; m = 0; s = –½.

E   n = 3; ℓ = 2; m = –2; s = –½.

11   O número total de elétrons no íon $[M(H_2O)_4]^{2+}$ é igual a 50. Como os números atômicos do hidrogênio e do oxigênio são, respectivamente, 1 e 8, então o número atômico de M é:

A   8.   B   10.   C   40.   D   12.   E   42.

12   O elemento lítio, tal como ocorre na natureza, consiste de dois isótopos: ^7Li = 92,6% e ^6Li = 7,4%. Qual é a massa atômica média do lítio natural em unidades de massa atômica?

A   6,45.   B   6,39.   C   6,57.   D   6,93.   E   6,88.

... Tabela Periódica ...

13   Uma espécie química possui 29 prótons, 34 nêutrons e 27 elétrons. Qual a afirmativa INCORRETA?

A   Essa espécie química é um cátion.

B   Seu número atômico é 29.

C   Seu número de massa é 63.

D   São necessários mais elétrons para que se torne eletricamente neutro.

E   Essa espécie química corresponde a elemento que se encontra na coluna 14 da Tabela Periódica.

14   Observe a figura e a explicação a seguir.

Dependendo de suas características físico-químicas, os elementos químicos podem ser denominados representativos, de transição e gases nobres, e esta denominação se reflete na sua localização na classificação periódica. Assinale a opção que apresenta uma afirmativa CORRETA.

A   I + II + IV = elementos representativos.

B   I = metais alcalinos e metais alcalino-terrosos.

C   O elemento de número atômico Z = 86 está na região V.

D   Todos os elementos da região IV têm seus elétrons mais energéticos localizados em subníveis p.

E   Os elementos da região V são chamados de elementos de transição externa.

15   Que metais não possuem a cor prateada característica?

A   Urânio e estanho.   B   Nióbio e alumínio.

C   Cobre e ouro.   D   Magnésio e tungstênio.

E   Mercúrio e sódio.

16   Os elementos cálcio (Ca, Z = 20), vanádio (Z = 23), cobalto (Co, Z = 27), zinco (Zn, Z = 30) e arsênio (As, Z = 33) pertencem ao quarto período da tabela periódica. Dentre eles, os que apresentam elétrons desemparelhados (ou seja, orbitais incompletos) em sua configuração eletrônica, no estado fundamental, são:

A   Ca, V, Co.   B   V, Co, Zn.   C   Ca, Zn, As.

D   V, Co, As.   E   Zn, Co, As.

17   Sobre o elemento químico vanádio, de número atômico 23, são feitas as seguintes afirmações:

I   Está localizado no terceiro período na Classificação Periódica dos Elementos.

II   Possui onze elétrons na terceira camada.

III   Os quatro números quânticos para os elétrons da camada mais externa são: 3; 2; 0; +½.

IV   A camada de valência do vanádio possui dois elétrons.

Indique a alternativa **CORRETA**.

A   Somente as afirmações II e IV estão corretas.

B   Somente as afirmações I e II estão corretas.

C   Somente as afirmações III e IV estão corretas.

D   Somente as afirmações I e III estão corretas.

E   Somente as afirmações I e IV estão corretas.

18   Considere as distribuições eletrônicas:

I $1s^2\ 2s^2\ 2p^6\ 3s^2\ 3p^6\ 4s^2\ 3d^{10}\ 4p^6\ 5s^2$

II $1s^2\ 2s^2\ 2p^6\ 3s^2\ 3p^5$

III $1s^2\ 2s^2\ 2p^6\ 3s^1$

Marque a única opção que apresenta a ordem crescente de raio atômico **CORRETA**:

A   III, II, I.   B   I, II, III.   C   II, III, I.   D   I, III, II.   E   II, I, III.

19   Um aficionado do seriado The Big Bang Theory, que tem como um dos principais bordões a palavra Bazinga, comprou uma camiseta alusiva a essa palavra com a representação dos seguintes elementos.

56	30	31
Ba	**Zn**	**Ga**
137,3	65,4	69,7

Em relação a esses elementos, a afirmação **VERDADEIRA** é:

A   Zinco apresenta raio atômico maior que o bário.

B Zn^{2+} e Ga^{3+} são isoeletrônicos.

C   Bário é o elemento que apresenta maior energia de ionização.

D   O gálio é um metal de transição.

E   Os três elementos apresentam o mesmo número de elétrons no último nível.

20   Potássio (Z = 19), alumínio (Z = 13), sódio (Z = 11) e magnésio (Z = 12), combinados ao cloro (Z = 17), formam sais que, dissolvidos em água, liberam os íons K^+, $A\ell^{3+}$, Na^+ e Mg^{2+}. Sobre esses íons é CORRETO afirmar que:

A $A\ell^{3+}$ possui raio maior do que Mg^{2+}.

B Na^+ tem configuração eletrônica igual à do gás nobre argônio.

C $A\ell^{3+}$, Na^+ e Mg^{2+} são espécies químicas isoeletrônicas.

D K^+ possui 18 prótons no núcleo e 19 elétrons na eletrosfera.

E   A ordem crescente de raio iônico é $Na^+ < Mg^{2+} < A\ell^{3+} < K^+$.

21   Comparando-se os átomos dos elementos químicos N, P e K, presentes no fertilizante NPK, pode-se afirmar que: [N (Z = 7); P (Z = 15); K (Z = 19)]

A   o raio atômico do N é maior que o do P.

B   o elemento P possui energia de ionização menor que a do elemento K.

C   o K possui maior raio atômico.

D   o elemento N apresenta a menor energia de ionização.

E   N é um elemento de transição.

22   A energia liberada quando um íon deixa a fase gasosa e entra para a fase aquosa é chamada de energia de hidratação e tem valores altos quando o íon apresenta tamanho pequeno. Baseando-se nas informações fornecidas entre os íons O^{2-}, F^-, $A\ell^{3+}$, Mg^{2+} e Na^+ aquele que tem a maior energia de hidratação é: [O (Z = 8); F (Z = 9); Na (Z = 11); Mg (Z = 12); $A\ell$ (Z = 13)]

A Na^+.   B Mg^{2+}.   C $A\ell^{3+}$.   D F^-.   E O^{2-}.

... Ligações Químicas ...

23   Em dezembro de 2016, a IUPAC (International Union of Pure and Applied Chemistry) oficializou a nomenclatura dos novos elementos químicos, presentes no sétimo período da tabela periódica. Assim, os elementos 113 (grupo 13), 115 (grupo 15), 117 (grupo 17) e 118 (grupo 18) passaram a ser denominados, respectivamente, de Nihonium (Nh), Moscovium (Mc), Tennessine (Ts) e Oganesson (Og). Pode-se afirmar que o elemento

A   Nh forma o íon Nh^{3-}.

B   Mc é um metal de transição.

C   Ts é um elemento representativo e pertence ao mesmo grupo do oxigênio.

D   Og é um gás nobre e apresenta configuração da camada de valência $6s^2\ 6p^6$.

E   Nh pode combinar-se com um halogênio (X), formando o composto hipo-tético NhX_3.

24   As forças intermoleculares podem explicar vários fenômenos, como por exemplo, explicar a variação do ponto de ebulição dos compostos. No processo $H_2O(\ell) \rightarrow H_2O(v) \rightarrow H_2(g) + \frac{1}{2}O_2(g)$ as ligações químicas quebradas em cada etapa, respectivamente, são:

A   ligação de hidrogênio – iônica   B   covalente – iônica

C   dipolo induzido – covalente   D   covalente – covalente

E   ligação de hidrogênio – covalente

25   Os desenhos são representações de moléculas em que se procura manter proporções corretas entre raios atômicos e distâncias internucleares.

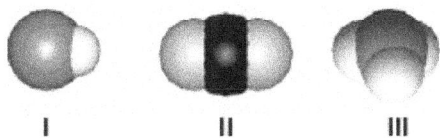

I   II   III

Os desenhos podem representar, respectivamente, moléculas de

A O_2, H_2O e CH_4.   B $HC\ell$, NH_3 e H_2O.   C CO, CO_2 e NH_3.

D $HC\ell$, CO_2 e NH_3.   E CO, O_2 e O_3.

26   A molécula de amônia (NH_3), a molécula de dióxido de enxofre (SO_2) e a molécula de ácido bromídrico (HBr) apresentam, respectivamente, a seguinte geometria: [H (Z = 1); N (Z = 7); O (Z = 8); S (Z = 16); Br (Z = 35)]

A   trigonal plana; linear; angular.   B   piramidal; angular; linear.

C   trigonal plana, angular; linear.   D   piramidal; trigonal plana; linear.

E   linear; trigonal plana; tetraédrica.

27   Se uma solução que contém iodo manchar uma camiseta branca de algo-dão, o procedimento correto para retirar a mancha de iodo consiste, antes da lavagem, em aplicar sobre o local da mancha:

A   clorofórmio ($CHC\ell_3$) ou tetracloreto de carbono ($CC\ell_4$).

B   vinagre ou suco de limão.

C   talco (silicato de magnésio).

D   farinha de trigo ou amido.

E   água ou álcool.

28 O conhecimento das estruturas das moléculas é assunto relevante, já que as formas das moléculas determinam propriedades das substâncias como odor, sabor, coloração e solubilidade. As figuras apresentam as estruturas de algumas moléculas.

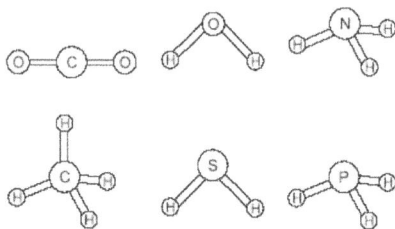

Quanto à polaridade das moléculas consideradas, as moléculas apolares são

A H_2O e CH_4.

B CH_4 e CO_2.

C H_2S e PH_3.

D NH_3 e CO_2.

E H_2S e NH_3.

29 A amônia (NH_3) é constituída por moléculas polares e apresenta boa solubilidade em água. O diclorometano (CH_2Cl_2) apresenta polaridade, devido à sua geometria e à alta eletronegatividade do elemento Cl. O dissulfeto de carbono (CS_2) é um solvente apolar de baixa temperatura de ebulição. As fórmulas estruturais que melhor representam essas três substâncias são:

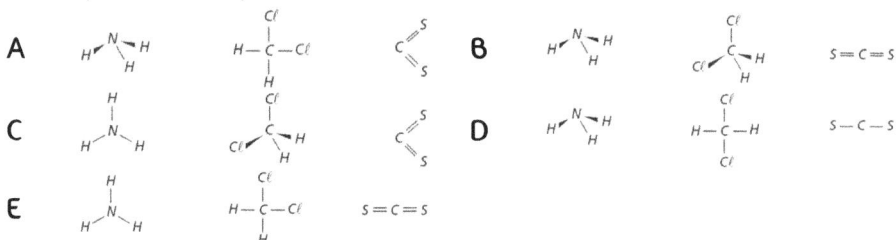

30 A figura mostra modelos de algumas moléculas com ligações covalentes entre seus átomos.

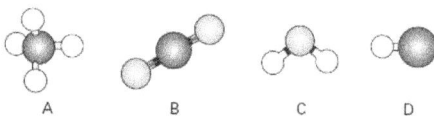

Dentre essas moléculas, pode-se afirmar que são polares apenas

A   A, B.   B   A, C.   C   C, D.   D   A, C, D.   E   B, C, D.

31 O manganês é um importante metal que participa de compostos utilizados na composição de ferramentas, trilhos e vidros. Somando-se os números de oxidação do manganês nas substâncias H_2MnO_4 • MnO_2 • $MnSO_4$ • $KMnO_4$ o valor encontrado será:

A   17.   B   18.   C   19.   D   20.   E   21.

32 Os números de oxidação dos elementos manganês, cromo, fósforo, carbono e nitrogênio nos compostos permanganato de potássio ($KMnO_4$), dicromato de sódio ($Na_2Cr_2O_7$), ácido pirofosfórico ($H_4P_2O_7$), ácido carbônico (H_2CO_3) e ácido nitroso (HNO_2), são, respectivamente:

A   +7, +6, +5, +4 e +3. B   +6, +7, +5, +4 e +3. C   +7, +5, +4, +6 e +3.
D   +7, +5, +4, −6 e −3. E   +7, +6, +5, +3 e +4.

33   Hidroxiapatita, mineral presente em ossos e dentes, é constituída por íons cálcio, íons fosfato (PO_4^{3-}) e íons hidróxido. A sua fórmula química pode ser representada por $Ca_x(PO_4)_3OH$. O valor de x nesta fórmula é:

A   1.   B   2.   C   3.   D   4.   E   5.

34   Analise os três grupos de compostos moleculares abaixo:

i H_2O, H_2S, H_2Se e H_2Te
ii   HF, HCℓ, HBr e HI
iii CH_4, C_2H_6, C_3H_8 e C_4H_{10}

Os compostos com maior ponto de ebulição em cada grupo são:

A H_2O, HF e CH_4.   B H_2Te, HI e C_4H_{10}.   C H_2Te, HI e CH_4.
D H_2O, HI e CH_4.   E H_2O, HF e C_4H_{10}.

35   O conhecimento de algumas constantes físicas de uma substância contribui para sua identificação. As substâncias que apresentam ponto de fusão a temperaturas mais baixas são substâncias:

A   iônicas.

B   moleculares polares de elevada massa molecular.

C   moleculares apolares de baixa massa molecular.

D   moleculares apolares de elevada massa molecular.

E   moleculares polares de baixa massa molecular.

36   As ligações interatômicas, a análise da geometria molecular associada à eletronegatividade de seus elementos e as ligações intermoleculares que ocorrem nas substâncias são instrumentos de base para a explicação do comportamento das moléculas quanto à solubilidade e ao ponto de ebulição.

Na tabela ao lado são indicadas a estrutura e a geometria de algumas moléculas.

Substância	Estrutura	Geometria
Dióxido de carbono	$O=C=O$	Linear
Metóxi-metano	$CH_3 \overset{O}{\diagdown\diagup} CH_3$	Angular
Metanol	$CH_3 \overset{O}{\diagdown\diagup} H$	Angular
Amônia	$H-\underset{H}{\overset{N}{\mid}}-H$	Piramidal
Tetracloreto de carbono (tetracloro-metano)	$Cl-\underset{Cl}{\overset{Cl}{\mid}}C-Cl$	Tetraédrica
Água	$H \overset{O}{\diagdown\diagup} H$	Angular

Com base no exposto, são feitas algumas afirmações:

I   As ligações que ocorrem na molécula de dióxido de carbono são todas covalentes polares.

II   O metóxi-metano é uma molécula polar.

III   O metanol realiza pontes de hidrogênio entre suas moléculas no estado líquido.

IV   O ponto de ebulição do metanol é maior que o da amônia.

V   O tetracloreto de carbono apresenta solubilidade infinita em água.

São **CORRETAS**:

A   III e V, apenas.   B   I, II e III, apenas.   C   II, IV e V, apenas.

D   I, II, III, IV e V.   E   I, II, III e IV, apenas.

37   A vaporização do etanol e sua posterior combustão acarretam rupturas de ligações denominadas, respectivamente:

A   ligação de hidrogênio e iônica.   B   forças de London e covalente.

C   covalente e iônica.   D   forças de London e iônica.

E   ligação de hidrogênio e covalente.

4...Reações Químicas

Funções da Química Inorgânica • Reações Químicas

... Funções da Química Inorgânica ...

1 Considere o gráfico ao lado, referente à produção mundial, em 1980, dos metais mais comumente usados, e a tabela de números atômicos.

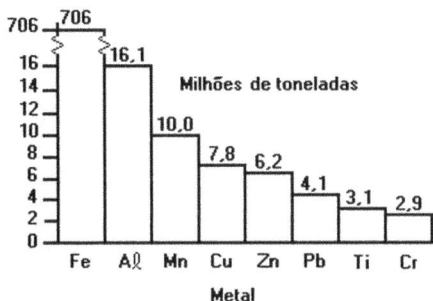

Metal	Fe	Aℓ	Mn	Cu	Zn	Pb	Ti	Cr
Número atômico (Z)	26	13	25	29	30	82	22	24

A análise do gráfico permite concluir que:

A   o metal mais produzido no mundo é um metal representativo.

B   o metal representativo menos produzido, entre os relacionados, tem massa molar igual a 82 g/mol.

C   o segundo metal mais produzido forma um óxido anfótero com a fórmula $Aℓ_2O_3$.

D   os metais citados se encontram no mesmo período da classificação periódica.

E   os metais citados se encontram no mesmo grupo da classificação periódica.

2 O fosfato de cálcio é um sólido branco e é usado na agricultura como fertilizante. O fosfato de cálcio pode ser obtido pela reação entre hidróxido de cálcio e ácido fosfórico. As fórmulas do hidróxido de cálcio e do ácido fosfórico são, respectivamente:

A $Ca(OH), HPO_4$.   B $Ca(OH)_2, H_3PO_4$.   C $Ca(OH)_2, H_2PO_4$.

D $Ca(OH), H_3PO_4$.   E $Ca(OH), H_3PO_3$.

3 Um fenômeno químico pode ser produzido através do(a):

A   adição de NaCℓ à água.

B   mistura de uma solução concentrada de NaOH com outra diluída da mesma base.

C   gotejamento de água em uma solução de KCℓ.

D   adição de água ao óxido de cálcio.

E   borbulhamento de CH_4 em água.

4   Assinale a opção CORRETA para a tabela abaixo:

	óxido básico	peróxido	base volátil	hidrácido
A	K_2O	CaO_2	NH_4OH	H_2S
B	K_2O	MgO	NH_4OH	H_2SO_4
C	SO_2	CaO_2	NaOH	H_2SO_4
D	SO_2	MgO	NaOH	HCℓ
E	CaO	MgO	$Fe(OH)_3$	H_2S

5   Um grupo de alunos estava estudando para as provas de vestibular e para isso cada um deles iria explicar uma função inorgânica. O aluno responsável pela explicação sobre ácidos fez as seguintes afirmações:

I   Reagem com carbonatos liberando gás carbônico.

II   Formam soluções não condutoras de corrente elétrica.

III   Não reagem com metais.

IV   São divididos em hidrácidos e oxiácidos.

Estão CORRETAS as afirmações:

A   I e II.   B   II e IV.   C   I e IV.   D   III e IV.   E   I e III.

... Reações Químicas ...

6   A cúpula central da Basílica de Aparecida do Norte receberá novas chapas de cobre que serão envelhecidas artificialmente, pois, expostas ao ar, só adquiririam a cor verde das chapas atuais após 25 anos. Um dos compostos que conferem cor verde às chapas de cobre, no envelhecimento natural, é a malaquita, $CuCO_3 \cdot Cu(OH)_2$. Dentre os constituintes do ar atmosférico, são necessários e suficientes para a formação da malaquita:

A   nitrogênio e oxigênio.

B   nitrogênio, dióxido de carbono e água.

C   dióxido de carbono e oxigênio.

D   dióxido de carbono, oxigênio e água.

Ε   dióxido de carbono e ozônio.

7   A reação química HF + SiO_2 → H_2SiF_6 + H_2O representa o ataque do ácido fluorídrico ao vidro, deixando-o fosco. Assinale a alternativa que indica a soma dos coeficientes estequiométricos da equação, após seu balanceamento.

A   5.   Β   7.   C   8.   D   10.   Ε   12.

8   Qual dos óxidos abaixo pode produzir H_2O_2 ao reagir com HCℓ?

A MnO_2.   Β PbO_2.   C K_2O.   D   9.   Ε BaO_2.

9   Quando se reagem 1 mol de hidróxido de potássio com 1 mol de ácido fosfórico e 1 mol da mesma base com 1 mol de ácido sulfúrico, obtém-se, respectivamente:

A KH_2PO_4 e $KHSO_4$.   Β K_2HPO_4 e $KHSO_3$.   C K_3PO_4 e K_2SO_3.

D KH_2PO_3 e K_2SO_4.   Ε K_2HPO_3 e K_2SO_4.

10   A reação de 1 mol de ácido fosfórico com 2 mols de hidróxido de sódio produz:

A   2 mols de Na_3PO_4.   Β   1 mol de Na_2HPO_4.

C   3 mols de NaH_2PO_4.   D   2 mols de Na_3PO_3.

Ε   1 mol de NaH_2PO_4 e 1 mol de Na_2HPO_3.

11   Nitrato de bário pode ser preparado, em meio aquoso, através das transformações químicas abaixo:

$$BaC\ell_2 \xrightarrow[\text{etapa 1}]{Na_2CO_3} BaCO_3 \xrightarrow[\text{etapa 2}]{HNO_3} Ba(NO_3)_2$$

Nas etapas 1 e 2 ocorrem, respectivamente:

A   precipitação de carbonato de bário e desprendimento de dióxido de carbono.

Β   precipitação de carbonato de bário e desprendimento de hidrogênio.

C   desprendimento de cloro e desprendimento de dióxido de carbono.

D   desprendimento de dióxido de carbono e precipitação de nitrato de bário.

Ε   desprendimento de cloro e neutralização do carbonato de bário.

12   **Holanda quer deixar de ser um País Baixo**
Cientistas estão pesquisando a viabilidade de se elevar o litoral holandês – que é muito baixo e há séculos vem sendo ameaçado por enchentes – através da injeção de substâncias químicas na terra. Os pesquisadores acreditam poder elevar o litoral injetando ácido sulfúrico numa camada de rocha calcária 1,5 km abaixo

da superfície. A reação química resultante produziria gipsita, que ocupa o dobro do espaço do calcário e que empurraria a superfície terrestre para cima. (Reuters, Folha de São Paulo)

Sabendo que a gipsita é $CaSO_4$ hidratado e que o calcário é $CaCO_3$, a reação citada produz também:

A H_2S.   B CO_2.   C CH_4.   D SO_3.   E NH_3.

13   A respiração de um astronauta numa nave espacial causa o aumento da concentração de dióxido de carbono na cabine. O dióxido de carbono é continuamente eliminado através de reação química com reagente apropriado. Qual dos reagentes abaixo é o mais indicado para retirar o dióxido de carbono da atmosfera da cabine?

A   Ácido sulfúrico concentrado.   B   Hidróxido de lítio.

C   Ácido acético concentrado.   D   Água destilada.

E   Fenol.

14   O conjunto esquematizado ao lado contém inicialmente os reagentes A e B separados. Utilizando dois conjuntos desse tipo, são realizados os experimentos 1 e 2, misturando-se A e B, conforme o quadro a seguir.

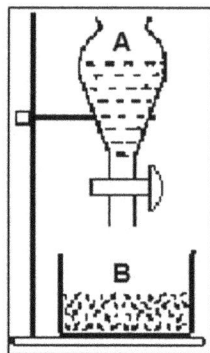

EXPERIMENTO	1	2
Reagente A: solução aquosa de	$AgNO_3$	HCl
Reagente B: pó de	$NaCl$	Na_2CO_3
Produtos	$AgCl(s)$ $Na^+(aq)$ $NO_3^-(aq)$	$H_2O(l)$ $CO_2(g)$ $Na^+(aq)$ $Cl^-(aq)$

Designando por **I** a massa inicial de cada conjunto (antes de misturar) e por F_1 e F_2 as massas finais (após misturar) tem-se:

	Experimento 1	Experimento 2
A	$F_1 = I$	$F_2 = I$
B	$F_1 = I$	$F_2 > I$
C	$F_1 = I$	$F_2 < I$
D	$F_1 > I$	$F_2 > I$
E	$F_1 < I$	$F_2 < I$

15 Paredes pintadas com cal extinta (apagada), com o tempo, ficam recobertas por película de carbonato de cálcio devido à reação da cal extinta com o gás carbônico do ar. A equação que representa essa reação é:

A $CaO + CO_2 \rightarrow CaCO_3$.

B $Ca(OH)_2 + CO_2 \rightarrow CaCO_3 + H_2O$.

C $Ca(HCO_3)_2 \rightarrow CaCO_3 + CO_2 + H_2O$.

D $Ca(HCO_3)_2 + CaO \rightarrow 2\ CaCO_3 + H_2O$.

E $2\ CaOH + CO_2 \rightarrow Ca_2CO_3 + H_2O$.

16 Ocorre reação de precipitação quando se misturam:

A soluções aquosas de cloreto de potássio e de hidróxido de lítio.

B solução aquosa de ácido nítrico e carbonato de sódio sólido.

C soluções aquosas de cloreto de bário e de sulfato de potássio.

D soluções aquosas de ácido clorídrico e de hidróxido de sódio.

E solução aquosa diluída de ácido sulfúrico e zinco metálico.

17 Associe os elementos químicos com suas características, numerando adequadamente os parênteses:

(1) Reativo, gás ligeiramente amarelo, cujo átomo apresenta a maior eletronegatividade.   ( ) O_2

(2) Metal capaz de reagir com a água para produzir H_2.   ( ) Ga

(3) Metal que forma um óxido do tipo Me_2O_3.   ( ) Ba

(4) Gás incolor. Átomo cujo valor de eletronegatividade é alto.   ( ) F_2

A associação sequencial correta é:

A 1, 4, 3, 2.   B 3, 2, 1, 4.   C 3, 4, 1, 2.

D 4, 2, 3, 1.   E 4, 3, 2, 1.

18 Sobre a reação equacionada a seguir, assinale a alternativa INCORRETA.

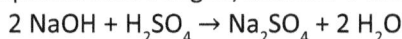

$$2\ NaOH + H_2SO_4 \rightarrow Na_2SO_4 + 2\ H_2O$$

A Ocorre neutralização das propriedades do ácido e da base.

B Há a formação de um sal neutro.

C É chamada de reação de ionização.

D Um dos reagentes é o hidróxido de sódio.

E A soma dos coeficientes do balanceamento nesta equação é 6.

19 Quando se adiciona uma solução aquosa de um ácido forte a uma solução aquosa de uma base forte ocorre a reação:

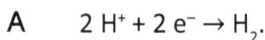

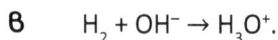

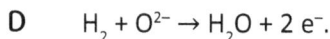

A $2 H^+ + 2 e^- \rightarrow H_2$.

B $H_2 + OH^- \rightarrow H_3O^+$.

C $H^+ + O^{2-} \rightarrow OH^-$.

D $H_2 + O^{2-} \rightarrow H_2O + 2 e^-$.

E $H^+ + OH^- \rightarrow H_2O$.

20 As reações entre os ácidos e as bases produzem sal e água. Indique a única opção que representa a equação da reação onde não é obtido um sal ácido ou sal básico, pois não se trata de reação de neutralização parcial.

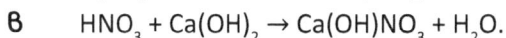

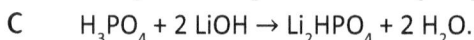

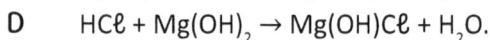

A $H_2SO_4 + NaOH \rightarrow NaHSO_4 + H_2O$.

B $HNO_3 + Ca(OH)_2 \rightarrow Ca(OH)NO_3 + H_2O$.

C $H_3PO_4 + 2 LiOH \rightarrow Li_2HPO_4 + 2 H_2O$.

D $HC\ell + Mg(OH)_2 \rightarrow Mg(OH)C\ell + H_2O$.

E $H_3PO_3 + 2 KOH \rightarrow K_2HPO_3 + 2 H_2O$.

21 A água destilada, má condutora de corrente elétrica, torna-se boa condutora quando nela se borbulha:

A   oxigênio.   B   nitrogênio.   C   argônio.

D   cloro.   E   hidrogênio.

22 Um sal muito usado como coagulante na remoção de impurezas em processos de tratamento de água pode ser obtido por meio da neutralização total entre o hidróxido do metal mais comum do grupo 13 da tabela periódica e o oxiácido contendo enxofre em seu estado de oxidação mais alto. A fórmula desse sal está indicada em:

A $A\ell_2(SO_4)_3$.   B $A\ell_2(SO_3)_3$.   C $Ga_2(SO_4)_3$.

D $Ga_2(SO_3)_3$.   E $A\ell_2(S_2O_3)_3$.

5...Aritmética Química

Relações Numéricas: o mol • Gases • Estequiometria

Por ser o método que preferimos para tratar os problemas de Estequiometria relativamente pouco conhecido, aproveitamos a oportunidade para apresentá-lo, de maneira bem resumida. Partimos do pressuposto que temos uma equação balanceada representativa do processo químico que ocorre:

$$a\,A + b\,B \rightarrow c\,C + d\,D$$

A, **B**, **C** e **D** são as substâncias participantes do processo, e **a**, **b**, **c** e **d** os coeficientes estequiométricos. Em reação, temos que ter:

$$\frac{n(A)}{a} = \frac{n(B)}{b} = \frac{n(C)}{c} = \frac{n(D)}{d}$$

Naturalmente, **n(A)**, **n(B)**, **n(C)** e **n(D)** representam os números de mols de **A**, **B**, **C** e **D**. Para determinação do número de mols, as maneiras mais comuns são:

$$n(X) = \frac{m(X)}{MM(X)} \qquad\qquad n(X) = \frac{V(X)}{VM}$$

Usamos **m** para massa, **MM** para massa molar, **V** para volume e **VM** para volume molar.

... Relações Numéricas ...

1 Qual o número de átomos de carbono contidos em 9,0 mg de glicose, $C_6H_{12}O_6$?

A $1,8 \times 10^{20}$ átomos. B $1,8 \times 10^{23}$ átomos. C $3,0 \times 10^{19}$ átomos.

D $3,0 \times 10^{22}$ átomos. E $1,2 \times 10^{26}$ átomos.

2 A concentração normal do hormônio adrenalina ($C_9H_{13}NO_3$) no plasma sanguíneo é de $6,0 \times 10^{-8}$ g/L. Quantas moléculas de adrenalina estão contidas em 1 litro de plasma?

A $3,6 \times 10^{16}$. B $2,0 \times 10^{14}$. C $3,6 \times 10^{17}$.

D $2,0 \times 10^{14}$. E $2,5 \times 10^{18}$.

3 A glicose ($C_6H_{12}O_6$) é um carboidrato considerado uma das principais fontes de energia. O pâncreas é o órgão responsável em produzir o hormônio denominado insulina e que é responsável por permitir a entrada da glicose em nossas células. Sobre a glicose, assinale a alternativa CORRETA.

A Em 180 g de glicose encontraremos $6,02 \times 10^{23}$ moléculas.

B Em $6,02 \times 10^{23}$ u temos 180 g.

C   180 moléculas de glicose pesam 180 g.

D   180 moléculas de glicose pesam $6,02 \times 10^{23}$ g.

E   Cada molécula de glicose pesa 180 g.

4   Determinado óxido de nitrogênio é constituído de moléculas N_2O_x. Sabendo-se que 0,152 g de óxido contém $1,20 \times 10^{21}$ moléculas, o valor de x é:

A   1.   B   2.   C   3.   D   4.   E   5.

5   Linus Pauling, prêmio Nobel de Química e da Paz, faleceu em 1994 aos 93 anos. Era um ferrenho defensor das propriedades terapêuticas da vitamina C. Ingeria diariamente cerca de $2,1 \times 10^{-2}$ mol dessa vitamina. A dose diária recomendada de vitamina C ($C_6H_8O_6$) é 62 mg. Quantas vezes, aproximadamente, a dose ingerida por Pauling é maior que a recomendada?

A   10.   B   60.   C $1,0 \times 10^2$.

D $1,0 \times 10^3$.   E $6,0 \times 10^4$.

6   Abundância de alguns metais na crosta terrestre:

metal	% em massa	massa molar (em g/mol)
ferro	4,7	55,8
cálcio	3,4	40,1
sódio	2,6	23,0
potássio	2,3	39,1
magnésio	1,9	24,3

Considerando apenas esses metais, podemos afirmar que existe na crosta terrestre maior número de átomos de:

A   ferro.   B   cálcio.   C   sódio.

D   potássio.   E   magnésio.

7   O Brasil produz, por ano, aproximadamente, $5,0 \times 10^6$ toneladas de ácido sulfúrico, $1,2 \times 10^6$ toneladas de amônia e 10×10^6 toneladas de soda cáustica. Transformando-se toneladas em mols, a ordem decrescente de produção dessas substâncias será:

	H_2SO_4	98 g/mol
Massas molares:	NaOH	40 g/mol
	NH_3	17 g/mol

A H_2SO_4 > NH_3 > NaOH.
B H_2SO_4 > NaOH > NH_3.
C NH_3 > H_2SO_4 > NaOH.
D NH_3 > NaOH > H_2SO_4.
E   NaOH > NH_3 > H_2SO_4.

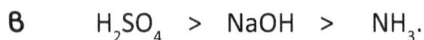

8   Em 1 mol de moléculas de H_3PO_4 tem-se:
A $3,0 \times 10^{23}$ átomos de hidrogênio e 10^{23} átomos de fósforo.
B   1 átomo de cada elemento.
C   3 íons H^+ e um íon PO_4^{3-}.
D   1 mol de cada elemento.
E   4 mols de átomos de oxigênio e 1 mol de átomos de fósforo.

9   Pessoas com problemas de pressão arterial alta devem optar por uma dieta com baixa quantidade de íons sódio. Os dois sais que contêm sódio e são utilizados para temperar alimentos são cloreto de sódio e glutamato monossódico ($NaC_5H_8O_4N$). Para uma pessoa que tem pressão alta e faz dieta, a opção **CORRETA** é:
A   salada contendo 1,0 g de cloreto de sódio.
B   salada contendo 2,0 g de glutamato monossódico.
C   salada contendo 0,5 g de cloreto de sódio e 1,5 g de glutamato monossódico.
D   salada contendo 1,5 g de cloreto de sódio e 0,5 g de glutamato monossódico.
E   salada contendo 1,0 g de cloreto de sódio e 1,0 g de glutamato monossódico.

10   O nitrato de amônio é utilizado em adubos como fonte de nitrogênio. A porcentagem em massa de nitrogênio no NH_4NO_3 é:
A   35%.   B   28%.   C   17,5%.   D   42,4%.   E   21,2%.

11   Considere as afirmações I, II e III, a respeito da nicotina, cuja fórmula molecular é $C_{10}H_{14}N_2$.
I $C_{10}H_{14}N_2$ é também a fórmula empírica da nicotina.
II   Cada molécula de nicotina é formada por 10 átomos de carbono, 14 átomos de hidrogênio e 2 átomos de nitrogênio.

III   1 mol de moléculas de nicotina contém 10 mols de átomos de carbono, 14 mols de átomos de hidrogênio e 2 mols de átomos de nitrogênio.

Estão **CORRETAS** as afirmações:

A   I, apenas.   B   I e II, apenas.   C   II e III, apenas.

D   I e III, apenas.   E   I, II, III.

12   A glicerina, composto de fórmula $C_3H_8O_3$, é usada na fabricação de tintas, cosméticos, preparados medicinais e explosivos. O número de átomos de H existentes em 4 mols de moléculas desse composto é, aproximadamente:

A $6,0 \times 10^{23}$.   B $2,4 \times 10^{24}$.   C $8,0 \times 10^{24}$.

D $1,9 \times 10^{25}$.   E $9,2 \times 10^{23}$.

13   Um recipiente contém $3,0 \times 10^{22}$ moléculas de CO_2 nas CNTP. A massa (em gramas) de gás presente nesse recipiente é:

A   2,20.   B   4,40.   C   8,80.   D   22,0.   E   22,4.

... Gases ...

14   As bexigas **A** e **B** podem conter, respectivamente:

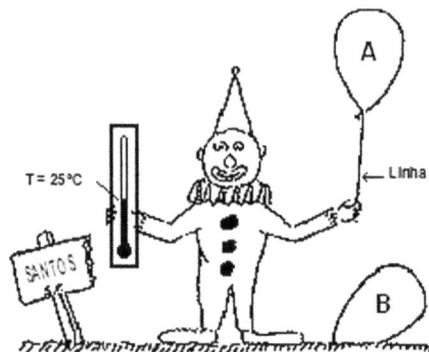

Ao nível do mar e a 25 °C:
volume molar de gás = 25 L/mol
densidade do ar atmosférico = 1,2 g/L

A   argônio e dióxido de carbono.   B   dióxido de carbono e amônia.

C   amônia e metano.   D   metano e amônia.

E   metano e argônio.

15   Na respiração humana o ar inspirado e o ar expirado têm composições diferentes. A tabela a seguir apresenta as pressões parciais, em mmHg, dos gases da respiração em determinado local.

gás	ar inspirado	ar expirado
oxigênio	157,9	115,0
dióxido de carbono	0,2	x
nitrogênio	590,2	560,1
argônio	7,0	6,6
vapor d'água	4,7	46,6

Qual é o valor de **x**, em mmHg?

A   12,4.   B   31,7.   C   48,2.   D   56,5.   E   71,3.

16   O volume de uma massa fixa de gás ideal, a pressão constante, é diretamente proporcional à:

A   concentração do gás.   B   pressão atmosférica.

C   densidade do gás.   D   temperatura absoluta.

E   massa molar do gás.

17   Considere que certa massa de um gás ocupa um volume de 500,0 L quando submetida à pressão de 900,0 mmHg e à temperatura normal. A pressão, em mmHg, a que ela deve ser submetida para, a 273 °C, ocupar um volume de 2,0 m³ é:

A   22,00.   B   45,00.   C   225,0.   D   450,0.   E   760,0.

18   À temperatura constante, o volume ocupado por um gás depende da pressão a que é submetido. Assim, uma amostra de O_2 ocupa um volume de 441,62 mL quando sob pressão de 740,00 mmHg. Que volume (em mL) ocupará a massa gasosa quando sob pressão de 1,0 atm?

A   43,00.   B   76,00.   C   215,00.   D   430,00.   E   760,00.

19   Dois frascos exatamente iguais, contendo gases que não reagem entre si, são colocados em contato, de modo que os gases possam fluir livremente de um frasco para o outro. Admitindo-se que não há variação de temperatura e que a pressão inicial do gás **A** é o triplo da pressão inicial do gás **B**, a pressão de equilíbrio é:

A   ⅔ da pressão inicial de **A**.   B   o dobro da pressão inicial de **A**.

C   metade da pressão inicial de **B**.   D   metade da pressão inicial de **A**.

E   quatro vezes a pressão inicial de **B**.

... Estequiometria ...

20   Em um creme dental, encontra-se um teor de flúor de 1,9 mg desse elemento por grama de dentifrício. O flúor adicionado está contido no composto monofluorfosfato de sódio, Na_2PO_3F. A quantidade de Na_2PO_3F (em g)utilizada na preparação de 100 g de creme dental é:

A   0,144.   B   0,190.   C   1,44.   D   1,90.   E   14,4.

21   A amônia é obtida pelo famoso processo de Haber-Bosch que consiste em reagir nitrogênio e hidrogênio em quantidades estequiométricas em elevada temperatura e pressão. A oxidação da amônia (NH_3) com oxigênio, à alta temperatura e na presença de catalisador, é completa, produzindo óxido nítrico (NO) e vapor d'água. Partindo de amônia e oxigênio, em proporção estequiométrica, qual a porcentagem (em volume) de NO na mistura gasosa final?

A   10%.   B   20%.   C   30%.   D   40%.   E   50%.

22   O ácido sulfúrico (H_2SO_4) é um dos agentes da chuva ácida. Ao precipitar, a chuva ácida reage com monumentos de mármore (carbonato de cálcio, $CaCO_3$), *destruindo-os*. Qual o volume (em mL) de gás produzido a 27,0 °C e 1,00 atm quando 2,45 g de ácido sulfúrico precipitam em forma de chuva ácida e reagem com estes monumentos?

A $1,23 \times 10^3$.   B   615.   C   560.

D   111.   E   55,3.

23   Uma das técnicas empregadas para separar uma mistura gasosa de CO_2 e CH_4 consiste em fazê-la passar por uma solução aquosa de $Ba(OH)_2$. Uma amostra dessa mistura gasosa, com volume total de 30 L, sob temperatura de 27 °C e pressão de 1 atm, ao reagir com a solução aquosa de $Ba(OH)_2$, produz a precipitação de 98,5 g de $BaCO_3$. A fração gasosa remanescente, nas mesmas condições de temperatura e pressão, contém apenas CH_4. O volume, em litros, de CH_4 remanescente é igual a: [Usar R = 0,08 atm·L·mol^{-1}·K^{-1}]

A   10.   B   12.   C   15.   D   18.   E   21.

24   Coletou-se água do rio Tietê, na cidade de São Paulo. Para oxidar completamente toda a matéria orgânica contida em 1,00 L dessa amostra, microorganismos consumiram 48,0 mg de oxigênio (O_2). Admitindo que a matéria orgânica possa ser representada por $C_6H_{10}O_5$ e sabendo que sua oxidação completa produz CO_2 e H_2O, qual a massa (em mg) de matéria orgânica por litro de água do rio?

A   20,5.   B   40,5.   C   80,0.   D   160.   E   200.

25 O alumínio é obtido pela eletrólise da bauxita. Nessa eletrólise, ocorre a formação de oxigênio que reage com um dos eletrodos de carbono utilizados no processo. A equação não balanceada que representa o processo global é $Al_2O_3 + C \rightarrow CO_2 + Al$. Para dois mols de Al_2O_3, quantos mols de CO_2 e de Al, respectivamente, são produzidos nesse processo?

A   3 e 2.   B   1 e 4.   C   2 e 3.   D   2 e 1.   E   3 e 4.

26 Nas estações de tratamento de água, eliminam-se as impurezas sólidas em suspensão através do arraste por flóculos de hidróxido de alumínio, produzidos na reação representada por

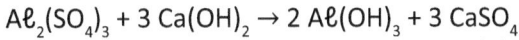

$$Al_2(SO_4)_3 + 3\ Ca(OH)_2 \rightarrow 2\ Al(OH)_3 + 3\ CaSO_4$$

Para tratar $1{,}0 \times 10^6$ m^3 de água foram adicionadas 17 t de $Al_2(SO_4)_3$. Qual a massa de $Ca(OH)_2$ necessária para reagir completamente com esse sal?

A   30 t.   B   11 t.   C   1,0 t.   D   300 kg.   E   150 kg

27 Uma das maneiras de impedir que o SO_2, um dos responsáveis pela *chuva ácida*, seja liberado para a atmosfera é tratá-lo com óxido de magnésio, em presença de ar, como equacionado a seguir:

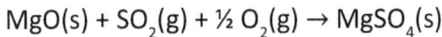

$$MgO(s) + SO_2(g) + \tfrac{1}{2}\ O_2(g) \rightarrow MgSO_4(s)$$

Quantas toneladas de óxido de magnésio são consumidas no tratamento de $9{,}6 \times 10^3$ t de SO_2? Use 40 g/mol para a massa molar do MgO.

A $1{,}5 \times 10^2$.   B $3{,}0 \times 10^2$.   C $1{,}0 \times 10^3$.

D $6{,}0 \times 10^3$.   E $2{,}5 \times 10^4$.

28 Considere a reação em fase gasosa $N_2 + 3\ H_2 \rightarrow 2\ NH_3$. Fazendo-se reagir 4 litros de N_2 com 9 litros de H_2 em condições de pressão e temperatura constantes, pode-se afirmar que:

A   os reagentes estão em quantidades estequiométricas.

B   o N_2 está em excesso.

C   após o término da reação, os reagentes serão totalmente convertidos em amônia.

D   a reação se processa com aumento do volume total.

E   após o término da reação, serão formados 8 litros de NH_3.

29 A ureia (massa molar = 60 g/mol), importante por sua função biológica e pelos seus usos diversificados – produção de chuva artificial, hidratante e umectante em pomadas cosméticas, entre outros – pode ser obtida em laboratório, a partir da reação $2\ NH_3 + CO_2 \rightarrow CO(NH_2)_2 + H_2O$. Para se obter 12,0 g de ureia, supondo-se 100% de rendimento no processo, a massa (em g) de NH_3 que deverá ser utilizada é:

A   1,70.   B   3,40.   C   6,80.   D   17,0.   E   24,0.

30   A nitroglicerina é uma substância explosiva, sendo a equação química que representa sua explosão dada abaixo:

$$C_3H_5(NO_3)_3(\ell) \rightarrow 3/2\ N_2(g) + 3\ CO_2(g) + 5/2\ H_2O(g) + ¼\ O_2(g)$$

A explosão de 2 mols de nitroglicerina produz:

A   12 mols de gases.

B   42 g de gás nitrogênio.

C   67,2 L de dióxido de carbono, nas CNTP (p = 1 atm e t = 0 °C).

D 3×10^{23} moléculas de $O_2(g)$.

E   132 g de dióxido de carbono.

31   Na reação de neutralização, representada pela equação não balanceada $Ca(OH)_2 + H_3PO_4 \rightarrow Ca_3(PO_4)_2 + H_2O$, quando são misturados 444 g de $Ca(OH)_2$ e 294 g de H_3PO_4 é INCORRETO afirmar que

A   o hidróxido de cálcio encontra-se em excesso.

B   são formados 162 g de água.

C   a reação produz 465 g de fosfato de cálcio.

D   permaneceram sem reagir 74 g de hidróxido de cálcio.

E   o ácido fosfórico é o reagente limitante.

32   De uma reação em que todos os participantes são gases, obtém-se as seguintes informações:

	Reagentes		Produtos	
Substâncias	X_aY_b	Z_2	XZ_2	Y_2Z
Volumes	2 L	7 L	4 L	6 L

em que X, Y e Z são símbolos de elementos químicos. Os reagentes estão presentes nas condições estequiométricas, o rendimento da reação é 100% e os volumes foram medidos nas mesmas condições de temperatura e pressão. Portanto, a fórmula molecular da substância X_aY_b é:

A XY_3.   B X_2Y_6.   C X_4Y_6.   D X_2Y_3.   E X_3Y_2.

6...Soluções

Soluções • Estequiometria de Soluções

... Soluções ...

1   O diagrama representa curvas de solubilidade de alguns sais em água.

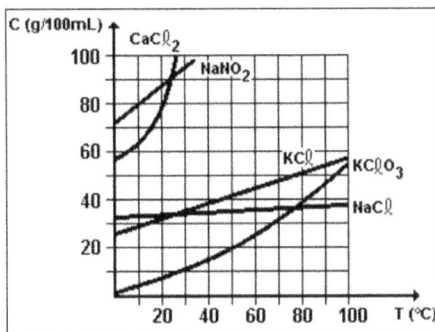

Com relação ao diagrama anterior, é **CORRETO** afirmar:

A   O $NaC\ell$ é insolúvel em água.

B   O $KC\ell O_3$ é mais solúvel do que o $NaC\ell$ à temperatura ambiente.

C   A substância mais solúvel em água, a uma temperatura de 10 °C, é $CaC\ell_2$.

D   O $KC\ell$ e o $NaC\ell$ apresentam sempre a mesma solubilidade.

E   A 25 °C, a solubilidade do $CaC\ell_2$ e a do $NaNO_2$ são praticamente iguais.

2   O coeficiente de solubilidade do KNO_3 a 60 °C é 110 g/100 g de H_2O. Obteve-se uma solução insaturada pela adição de 2 g de KNO_3 em 10 g de água. A massa de sal que deve ser adicionada à solução para obter uma solução saturada com 5 g de corpo de fundo, na temperatura de 60 °C é:

A   9 g.   B   14 g.   C   21 g.   D   16 g.   E   11 g.

3   Um litro de uma solução aquosa contém 0,30 mol de íons Na^+, 0,28 mol de $C\ell^-$, 0,10 mol de íons SO_4^{2-} e x mol de íons de ferro Fe^{3+}. A concentração de íons de Fe^{3+} (em mol/L) presentes nesta solução é:

A   0,03.   B   0,06.   C   0,08 g.   D   0,18.   E   0,26.

4   O gráfico a seguir, que mostra a variação da solubilidade do dicromato de potássio na água em função da temperatura, foi apresentado em uma aula prática sobre misturas e suas classificações. Em seguida, foram preparadas seis misturas sob agitação enérgica, utilizando dicromato de potássio sólido e água pura em

diferentes temperaturas, conforme o esquema:

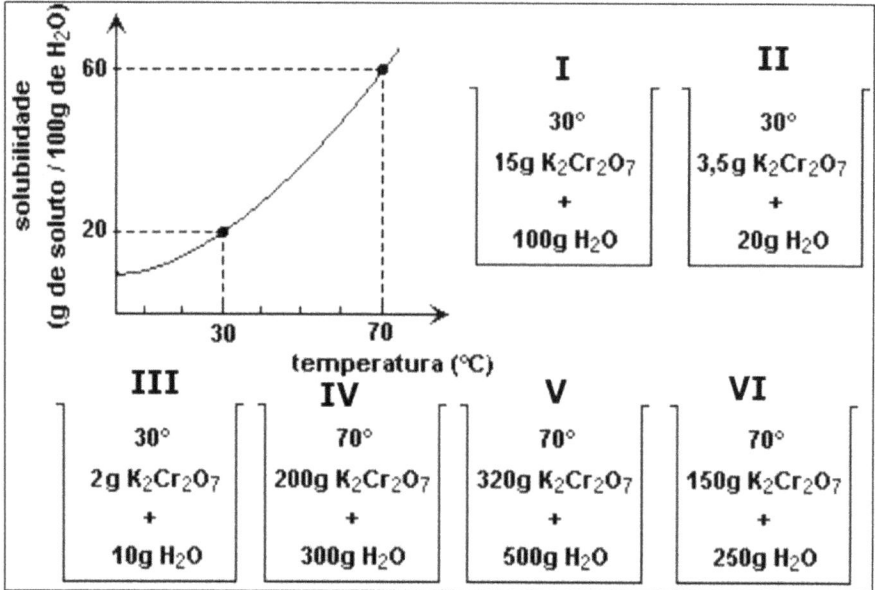

Após a estabilização dessas misturas, o número de sistemas homogêneos formados corresponde a:

A   5   B   4   C   3   D   2.   E   1.

5   O gás de pimenta é um gás lacrimogêneo (composto químico que irrita os olhos e causa lacrimejo, dor e mesmo cegueira temporária), geralmente usado por forças de segurança para controle de distúrbios civis ou em alguns países para defesa pessoal. Geralmente é obtida com o extrato de pimenta natural e acondicionada em sprays ou bombas de efeito moral. Atua nas mucosas dos olhos, nariz e da boca, causando irritação, ardor e sensação de pânico. O seu componente ativo é a oleorresina das plantas do gênero Capsicum – a capsaicina, obtida da pele da semente e que, no organismo humano, causa o ardor. A capsaicina é um composto químico (8-metil-N-vanilil-trans-6-nonamida) de fórmula molecular $C_{18}H_{27}NO_3$. Em certos países, o limite da substância capsaicina é de 5% em massa nos sprays de gás de pimenta. Considerando um recipiente contendo 540 g de gás de pimenta, qual a concentração aproximada em quantidade de matéria (mol·L^{-1}), de capsaicina na solução? Densidade do gás de pimenta = 0,9 g/mL.

A   0,088 mol·L^{-1}.   B   0,148 mol·L^{-1}.   C   0,294 mol·L^{-1}.

D   0,588 mol·L^{-1}.   E   0,735 mol·L^{-1}.

6   Água e etanol misturam-se completamente, em quaisquer proporções. Observa-se que o volume final da mistura é menor do que a soma dos volumes de etanol e de água empregados para prepará-la. O gráfico a seguir mostra como a densidade varia em função da porcentagem de etanol (em volume) empregado para preparar a mistura (densidades medidas a 20 °C).

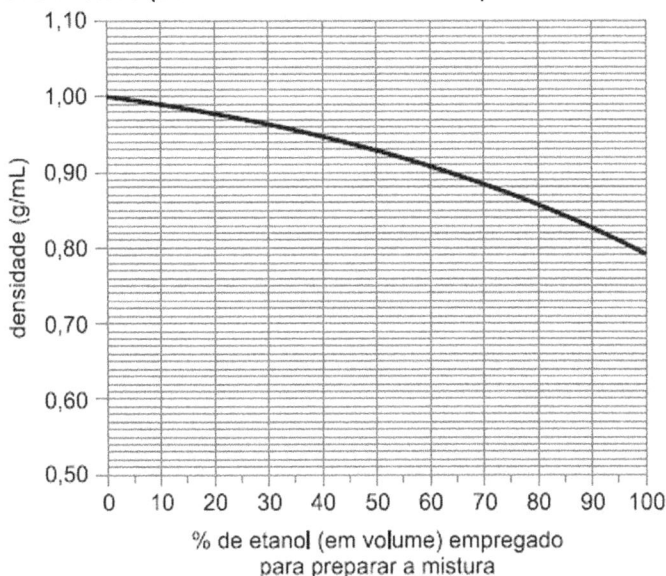

% de etanol (em volume) empregado
para preparar a mistura

Se 50 mL de etanol forem misturados a 50 mL de água, a 20°C, o volume da mistura resultante, a essa mesma temperatura, será de aproximadamente:

A   76 mL.   B   79 mL.   C   86 mL.   D   96 mL.   E   100 mL.

7   Observe ao lado a fórmula estrutural do ácido ascórbico, também conhecido como vitamina C. Para uma dieta saudável, recomenda-se a ingestão diária de $2,5 \cdot 10^{-4}$ mol dessa vitamina, preferencialmente obtida de fontes naturais, como as frutas.

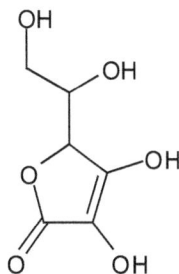

Considere as seguintes concentrações de vitamina C:

• polpa de morango: 704 $mg \cdot L^{-1}$

• polpa de laranja: 528 $mg \cdot L^{-1}$

Um suco foi preparado com 100 mL de polpa de morango, 200 mL de polpa de laranja e 700 mL de água. A quantidade desse suco, em mililitros, que fornece a dose diária recomendada de vitamina C é:

A   250.   B   300.   C   500.   D   700.   E   900.

8   A recristalização consiste em dissolver uma substância a uma dada temperatura no menor volume de solvente possível, e a seguir resfriar a solução, obtendo-se cristais da substância. Duas amostras de ácido benzoico, de 25,0 g cada, foram recristalizadas em água segundo esse procedimento.

	Temperatura de dissolução (°C)	Temperatura de recristalização (°C)
Amostra 1	90	20
Amostra 2	60	30

Curva de solubilidade do ácido benzoico em água

$$g \text{ de ácido} / 100 \text{ g } H_2O$$

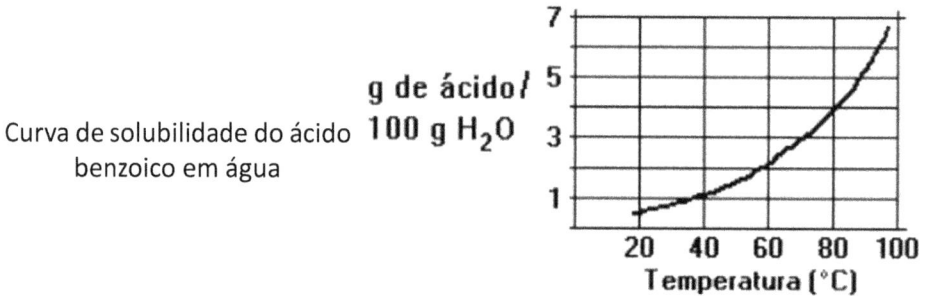

A partir das informações, a quantidade aproximada de água necessária para a dissolução de cada amostra é:

A   Amostra 1 = 100 g de H_2O e amostra 2 = 1250 g de H_2O

B   Amostra 1 = 500 g de H_2O e amostra 2 = 1250 g de H_2O

C   Amostra 1 = 200 g de H_2O e amostra 2 = 1200 g de H_2O

D   Amostra 1 = 1500 g de H_2O e amostra 2= 1500 g de H_2O

E   Amostra 1 = 1250 g de H_2O e amostra 2= 500 g de H_2O

9   A curva de solubilidade do KNO_3 em função da temperatura é dada ao lado. A 20 °C, misturamos 50 g de KNO_3 com 100 g de água. Quando for atingido o equilíbrio, teremos:

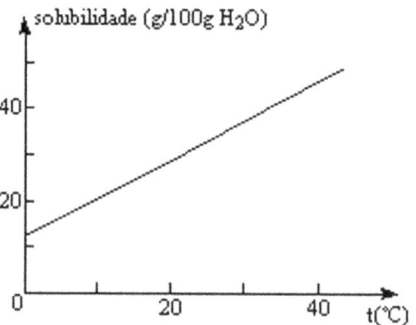

A   um sistema homogêneo.   B   um sistema heterogêneo.
C   apenas uma solução saturada.   D   uma solução supersaturada.
E   apenas uma solução insaturada.

10   O ácido nítrico concentrado é uma solução aquosa de concentração 65,0% (m/m). Se a densidade da solução é de 1,40 g/cm³, a concentração desta solução, em mol/L é:

A   8,75.   B   10,3.   C   14,4.   D   22,2.   E   24,2.

11   São dadas as soluções:
• argônio dissolvido em nitrogênio;
• dióxido de carbono dissolvido em água;
• etanol dissolvido em acetona;
• mercúrio dissolvido em ouro.
Estas soluções, à temperatura ambiente, são classificadas de acordo com seu estrado físico em, respectivamente:

A   líquida, líquida, gasosa, líquida.   B   gasosa, gasosa, líquida, sólida.
C   líquida, gasosa, líquida, líquida.   D   gasosa, líquida, líquida, sólida.
E   líquida, gasosa, líquida, sólida.

12   Qual das substâncias a seguir não conduz corrente elétrica em solução aquosa?

A   Brometo de hidrogênio.   B   Ácido fórmico.
C   Cloreto de potássio.   D   Bicarbonato de sódio.
E   Propanona.

... Estequiometria de Soluções ...

13   Em laboratório, um aluno misturou 10 mL de uma solução de HCℓ 2 mol·dm⁻³ com 20 mL de uma solução **X** mol·dm⁻³ do mesmo ácido em um balão volumétrico de 50 mL de capacidade. Em seguida, completou o volume do balão volumétrico com água destilada. Na total neutralização de 10 mL da solução final obtida foram consumidos 5 mL de solução de NaOH 2 mol·dm⁻³. Assim, o valor de **X** é:

A   1,0.   B   1,5.   C   2,0.   D   2,5.   E   3,0.

14   Em um acidente, um caminhão carregado de solução aquosa de ácido fosfórico tombou, derramando cerca de 24,5 toneladas dessa solução no asfalto. A porcentagem em massa de H₃PO₄ na solução é 80%. Quantas toneladas de óxido de cálcio seriam necessárias para reagir totalmente com essa quantidade de ácido?

A   7,5.   B   11,2.   C   16,8.   D   21,0.   E   22,9.

15   100 mL de uma solução de HCℓ 0,5 mol/L neutralizam completamente 1,85 g de uma dibase. Qual das alternativas representa essa dibase?

A $Ba(OH)_2$.   B $Be(OH)_2$.   C $Ca(OH)_2$.

D $Sr(OH)_2$.   E $Mg(OH)_2$.

16   O rótulo de um produto de limpeza diz que a concentração de amônia (NH_3) é de 9,5 g/L. Com o intuito de verificar se a concentração de amônia corresponde à indicada no rótulo, 5,0 mL desse produto foram titulados com ácido clorídrico de concentração 0,10 mol/L. Para consumir toda a amônia dessa amostra, foram gastos 25,0 mL do ácido. Com base nas informações fornecidas acima,

	qual a concentração da solução, calculada com os dados da titulação?	a concentração indicada no rótulo é **CORRETA**?
A	0,12 mol/L	sim.
B	0,25 mol/L	não.
C	0,25 mol/L	sim.
D	0,50 mol/L	não.
E	0,50 mol/L	sim.

17   O volume de solução 0,1 mol/L de H_2SO_4 (em mL) que reage com 80 mL de solução 0,4 mol/L de NaOH é:

A   640.   B   320.   C   160.   D   120.   E   80.

18   20 mL de uma solução de um diácido foram totalmente neutralizados com 40 mL de uma solução que encerra 0,10 mol de hidróxido de sódio por litro. O número de mols de diácido por litro de solução é igual a:

A   0,05.   B   0,1.   C   0,2.   D   0,4.   E   0,5.

19   Em análises quantitativas, por meio do conhecimento da concentração de uma das espécies, pode-se determinar a concentração e, por conseguinte, a massa de outra espécie. Um exemplo é o uso do nitrato de prata ($AgNO_3$) nos ensaios de determinação do teor de íons cloreto em análises de água mineral. Nesse processo ocorre uma reação entre os íons prata e os íons cloreto, com consequente precipitação de cloreto de prata (AgCℓ) e de outras espécies que podem ser quantificadas. Analogamente, sais que contêm íons cloreto, como o cloreto de sódio (NaCℓ), podem ser usados na determinação quantitativa de íons prata em soluções de $AgNO_3$, conforme descreve a equação $AgNO_3 + NaC\ell \rightarrow AgC\ell + NaNO_3$. Para reagir estequiometricamente, precipitando na forma de $AgC\ell$, todos os íons prata presentes em 30,0 mL de solução 0,3 mol·L^{-1} de $AgNO_3$ (completamente dissociado), a massa (em g) necessária de cloreto de sódio será de aproximadamente:

A   0,062.   B   0,117.   C   0,258.   D   0,527.   E   0,644.

20   Para determinar-se a quantidade de íons carbonato e de íons bicarbonato em uma amostra de água, adiciona-se a esta uma solução de certo ácido. As duas reações que ocorrem estão representadas nestas equações:

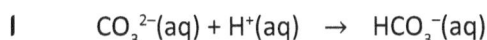

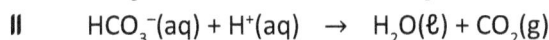

I $CO_3^{2-}(aq) + H^+(aq) \rightarrow HCO_3^-(aq)$

II $HCO_3^-(aq) + H^+(aq) \rightarrow H_2O(\ell) + CO_2(g)$

Para se converter os íons carbonato e bicarbonato dessa amostra em ácido carbônico, foram consumidos 20 mL da solução ácida. Pelo uso de indicadores apropriados, é possível constatar-se que, na reação I, foram consumidos 5 mL dessa solução ácida e, na reação II, os 15 mL restantes. Considerando-se essas informações, é correto afirmar que, na amostra de água analisada, a proporção inicial entre a concentração de íons carbonato e a de íons bicarbonato era de:

A   1 : 1.   B   1 : 2.   C   1 : 3.   D   1 : 4.   E   2 : 1.

21   Quantos mililitros de uma solução de $Ca(OH)_2$ de concentração 0,020 mol/L serão necessários para neutralizar 100 mL de solução de $HC\ell$ 0,010 mol/L?

A   25.   B   50.   C   100.   D   125.   E   200.

22   O fenômeno da chuva ácida acontece quando existem poluentes, derivados de óxidos de nitrogênio e enxofre, misturados nas gotículas de água que formam as nuvens. Dentre os sérios problemas que podem acontecer em decorrência dessa poluição está a ação dos ácidos sobre as estruturas de ferro, cimento, mármore etc. Uma das reações que representam esta ação é:

$$CaCO_3(s) + H_2SO_4(aq) \rightarrow CaSO_4(aq) + CO_2(g) + H_2O(\ell)$$

O volume em mL de ácido sulfúrico 0,50 mol/L que pode reagir com 25,0 g de carbonato de cálcio, nesta reação, é:

A   50.   B   100.   C   200.   D   500.   E   800.

23   O ácido cítrico $(C_6H_8O_7)$ é um ácido tricarboxílico presente no suco das chamadas frutas cítricas. Qual deverá ser o teor de ácido cítrico em 0,8 g do suco de um limão que exige para completa neutralização 10 mL de uma solução de KOH 0,1 mol/L?

A   4%.   B   8%.   C   10%.   D   12%.   E   16%.

24   50 mL de uma solução de nitrato de bário tratados com excesso de solução de sulfato de sódio produziram 23,3 mg de sulfato de bário. A concentração de íons bário em g/L da solução de nitrato de bário era:

A   0,27.   B   0,52.   C   1,37.   D   2,60.   E   0,80.

25   Qual é a molaridade exata (mol/L) de uma solução de hidróxido de sódio, considerando-se que 9,00 mL desta solução reagiram, estequiometricamente, com 10,0 mL de solução de ácido clorídrico 0,180 mol/L?

A   0,100.   B   0,150.   C   0,200.   D   0,500.   E   1,00.

26   Se 40,00 mL de $HC\ell$ 1,600 mol/L e 60,00 mL de NaOH 2,000 mol/L são misturados, quais as concentrações de Na^+, $C\ell^-$ e OH^-, respectivamente, na solução resultante?

	$[Na^+]$	$[C\ell^-]$	$[OH^-]$
A	0,400 mol/L	0,600 mol/L	1,200 mol/L.
B	0,560 mol/L	0,640 mol/L	1,200 mol/L.
C	120,0 mol/L	0,640 mol/L	64,0 mol/L.
D	1,200 mol/L	0,560 mol/L	0,560 mol/L.
E	1,200 mol/L	0,640 mol/L	0,560 mol/L.

27   Que volume em litros de uma solução de H_2SO_4 4,40 mol/L é necessário para reagir completamente com 100 g de $A\ell$?

A   1,26.   B   2,54.   C   2,70.   D   3,70.   E   5,55.

6...Equilíbrio Químico

Termoquímica & Termodinâmica • Cinética Química • Equilíbrio Químico

... Termoquímica & Termodinâmica ...

1 Substâncias com calor de dissolução endotérmico são empregadas na fabricação de balas e chicletes, por causarem sensação de frescor. Um exemplo é o xilitol, que possui as seguintes propriedades:

Propriedade	Valor
Massa molar	152 g/mol
Entalpia de dissolução	+5,5 kcal/mol
Solubilidade	60,8 g/100 g de água a 25 °C

Considere **M** a massa de xilitol necessária para a formação de 8,04 g de solução aquosa saturada de xilitol, a 25 °C. A energia, em calorias, absorvida na dissolução de **M** corresponde a:

A   20.   B   110.   C   200.   D   270.   E   480.

2 As equações químicas ao lado representam reações de síntese, realizadas em diferentes condições, para a obtenção de uma substância hipotética **XY**:

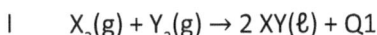

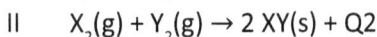

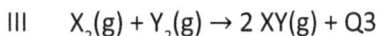

I $X_2(g) + Y_2(g) \rightarrow 2\ XY(\ell) + Q1$

II $X_2(g) + Y_2(g) \rightarrow 2\ XY(s) + Q2$

III $X_2(g) + Y_2(g) \rightarrow 2\ XY(g) + Q3$

Considere Q1, Q2 e Q3 as quantidades de calor liberadas, respectivamente, nas reações I, II e III. A relação entre essas quantidades está expressa na seguinte alternativa:

A   Q1 > Q2 > Q3.   B   Q2 > Q1 > Q3.   C   Q3 > Q1 > Q2.

D   Q3 > Q2 > Q1.   E   Q1 = Q2 = Q3.

3 O alumínio metálico, devido à sua baixa massa molar, apresenta um calor específico de 900 $J \cdot kg^{-1} \cdot °C^{-1}$, um dos mais elevados dentre os metais. A energia necessária para elevar a temperatura de 25 kg de alumínio de 25 °C até 35 °C pode ser fornecida, em condições-padrão, pela seguinte reação química:

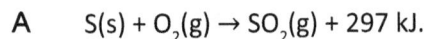

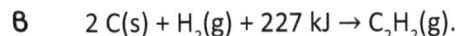

A $S(s) + O_2(g) \rightarrow SO_2(g) + 297\ kJ.$

B $2\ C(s) + H_2(g) + 227\ kJ \rightarrow C_2H_2(g).$

C $N_2(g) + O_2(g) \rightarrow 2\ NO(g)$ $\Delta H = +180,8\ kJ.$

D $H_2(g) + C\ell_2(g) \rightarrow 2\ HC\ell(g)$ $\Delta H = -185,0\ kJ.$

E $2\ HC\ell(g) \rightarrow H_2(g) + C\ell_2(g)$ $\Delta H = +185,0\ kJ.$

4   Tanto gás natural como óleo diesel são utilizados como combustíveis em transportes urbanos. A combustão completa do gás natural e do óleo diesel liberam, respectivamente, 9×10^2 kJ e 9×10^3 kJ por mol de hidrocarboneto. A queima desses combustíveis contribui para o efeito estufa. Para **IGUAL** energia liberada, quantas vezes a contribuição do óleo diesel é maior que a do gás natural? Considere gás natural = CH_4, óleo diesel = $C_{14}H_{30}$.

A   1,1.   B   1,2.   C   1,4.   D   1,6.   E   1,8.

5   A oxidação de açúcares no corpo humano produz ao redor de 4,0 quilocalorias por grama de açúcar oxidado. A oxidação de um décimo de mol de glicose ($C_6H_{12}O_6$) vai produzir aproximadamente:

A   40 kcal.   B   50 kcal.   C   60 kcal.   D   70 kcal.   E   80 kcal.

6   Considere a reação de fotossíntese e a reação de combustão da glicose representadas abaixo:

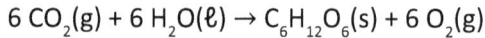

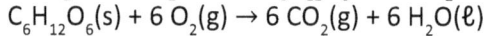

$$6 CO_2(g) + 6 H_2O(\ell) \rightarrow C_6H_{12}O_6(s) + 6 O_2(g)$$
$$C_6H_{12}O_6(s) + 6 O_2(g) \rightarrow 6 CO_2(g) + 6 H_2O(\ell)$$

Sabendo-se que a energia envolvida na combustão de **UM** mol de glicose é $2,8 \times 10^6$ J, ao sintetizar **MEIO** mol de glicose, a planta:

A   libera $1,4 \times 10^6$ J.   B   libera $2,8 \times 10^6$ J.

C   absorve $1,4 \times 10^6$ J.   D   absorve $2,8 \times 10^6$ J.

E   absorve $5,6 \times 10^6$ J.

7   A reação de formação de água, a partir de hidrogênio e oxigênio gasosos, é um processo altamente exotérmico. Se as entalpias (H) de reagentes e produtos forem comparadas, vale a relação:

A $H(H_2) + H(O_2) > H(H_2O)$.   B $H(H_2) + H(O_2) < H(H_2O)$.

C $H(H_2) + H(O_2) = H(H_2O)$.   D $H(H_2) = H(O_2) = H(H_2O)$.

E $H(H_2) + H(O_2) + H(H_2O) = 0$.

8   Relacione os termos apresentados na coluna da direita com o exemplo, o símbolo ou a relação especificados na coluna da esquerda:

(1) E   ( ) combustão

(2) H   ( ) formação

(3) $\Delta H < 0$ ( ) entalpia

(4) $2 C + 3 H_2 \rightarrow C_2H_6$ ( ) exotérmico

(5) $2 C_2H_6 + 7 O_2 \rightarrow 4 CO_2 + 6 H_2O$ ( ) energia interna

A alternativa que apresenta a associação **CORRETA** é:

A   1-2-4-3-5.   B   1-2-3-4-5.   C   5-3-4-1-2.

D   5-4-2-3-1.   E   5-3-4-2-1.

9   O gráfico ao lado representa a decomposição da molécula de hidrogênio.

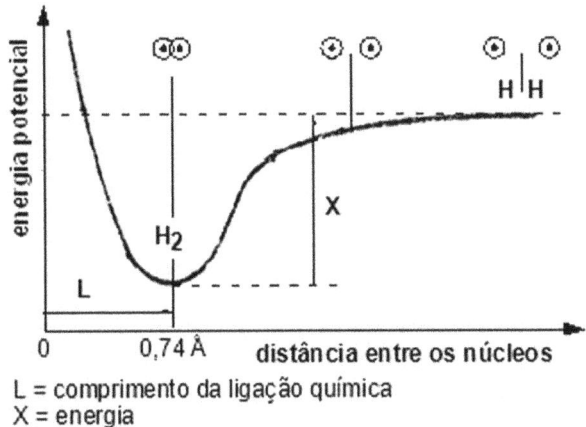

L = comprimento da ligação química
X = energia

Analisando o gráfico, é **CORRETO** afirmar que:

A   X representa, em módulo, o valor da energia de dissociação da molécula de hidrogênio.

B   os átomos de hidrogênio, isoladamente, são mais estáveis do que a molécula de hidrogênio.

C   a formação da molécula de hidrogênio é um processo de ganho de energia.

D   a partir da formação da ligação, a energia aumenta devido ao distanciamento entre os núcleos dos átomos.

E   no ponto de menor energia do gráfico, ocorreu a formação de uma ligação pi (π).

10   O metano é um gás produzido em grandes quantidades, na superfície terrestre, nos processos de decomposição da matéria orgânica, e é uma das principais fontes naturais de dióxido de carbono na atmosfera. A formação do CO_2 se dá pela oxidação do metano: $CH_4(g) + 2 O_2(g) \rightarrow CO_2(g) + 2 H_2O(\ell)$. Considerando que o valor da variação de entalpia para 1 mol de metano é de −890,3 kJ, a quantidade de calor liberada na combustão total de 10,0 g de metano é, em kJ:

A   −370.   B   −420.   C   −556.   D   −680.   E   −780.

11   A tabela a seguir lista alguns combustíveis com suas respectivas entalpias de combustão:

combustível	massa molar (g/mol)	ΔH (kcal/mol)
etanol(ℓ)	46	−326,7
metano(g)	16	−212,8
metanol(ℓ)	32	−182,6
carbono(s)	12	−94,07
hidrogênio(g)	2	−68,3

O combustível que libera maior quantidade de energia, considerando massas iguais, é o:

A   etanol.   B   metano.   C   metanol.

D   carbono.   E   hidrogênio.

12   Explosivos, em geral, são formados por substâncias que, ao reagirem, liberam grande quantidade de energia. O nitrato de amônio, um explosivo muito empregado em atividades de mineração, se decompõe segundo a equação química:

$2\ NH_4NO_3(s) \rightarrow 2\ N_2(g) + O_2(g) + 4\ H_2O(g)$.

Em um teste, essa decomposição liberou 592,5 kJ de energia e produziu uma mistura de nitrogênio e oxigênio com volume de 168 L, medido nas CNTP. Nas mesmas condições, o teste com 1 mol de nitrato de amônio libera, em quilojoules, a seguinte quantidade de energia:

A   39,5.   B   59,3.   C   118,5.   D   158,0.   E   276,5.

... Cinética Química ...

13   Um estudante mediu o tempo para o término da dissolução de comprimidos efervescentes em quatro testes realizados nas condições especificadas abaixo. Analise os resultados obtidos e mostrados na tabela.

Teste	Condições do comprimido	Condições de temperatura	Tempo de dissolução
I	inteiro	ambiente	36 s
II	inteiro	gelada	45 s
III	inteiro	quente	27 s
IV	triturado	ambiente	13 s

Considere os itens abaixo:

I   O número de colisões efetivas por segundo entre as partículas dos reagentes foi maior no teste II.

II   No teste III, a velocidade da reação foi maior do que nos testes I e II.

III Segundo os dados da tabela, uma indústria química poderia aumentar a sua produção diária usando sistemas de refrigeração em seus reatores (tanques onde ocorrem as reações).

São **VERDADEIROS** apenas os seguintes itens:

A   I e II.   B   I e III.   C   II e III.   D   II.   E   III.

14 Inúmeras indústrias químicas empregam catalisadores em seus processos. Sobre a ação de catalisadores em reações é CORRETO afirmar que:

A   aumentam a velocidade e não influenciam o rendimento.

B   aumentam a velocidade e diminuem o rendimento.

C   aumentam a velocidade e seu rendimento.

D   diminuem a velocidade e aumentam o rendimento.

E   diminuem a velocidade e o seu rendimento.

15 Dada a reação $N_2O_4(g) \rightarrow 2\ NO_2(g)$, $\Delta H = + 13,9$ kcal, a curva que melhor representa o processo com catalisador (tracejado) e sem catalisador (linha cheia) é:

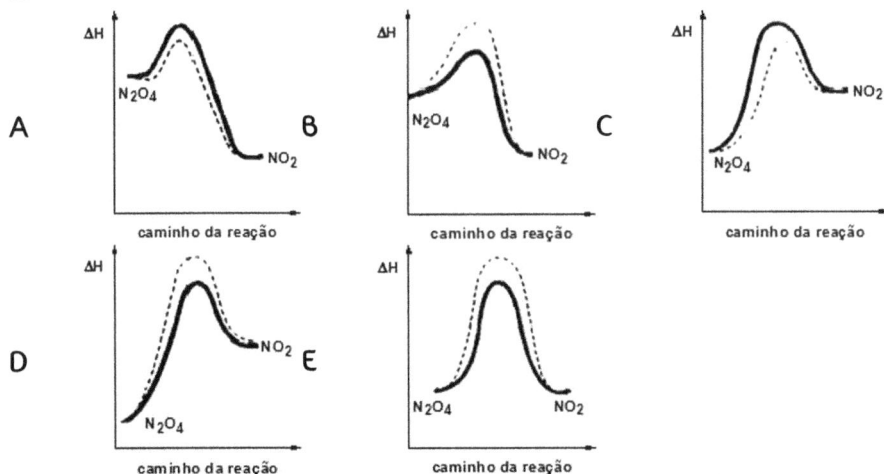

16 Vapores de gasolina podem estar misturados com o oxigênio do ar sem que nada aconteça. Porém, uma chama ou faísca é o bastante para causar uma explosão. O gráfico **ENERGIA × CAMINHO DA REAÇÃO** em que R = reagentes e P = produtos, correspondente à situação acima, para a reação

$$\text{gasolina} + O_2 \rightarrow CO_2 + H_2O + \text{energia}$$

é:

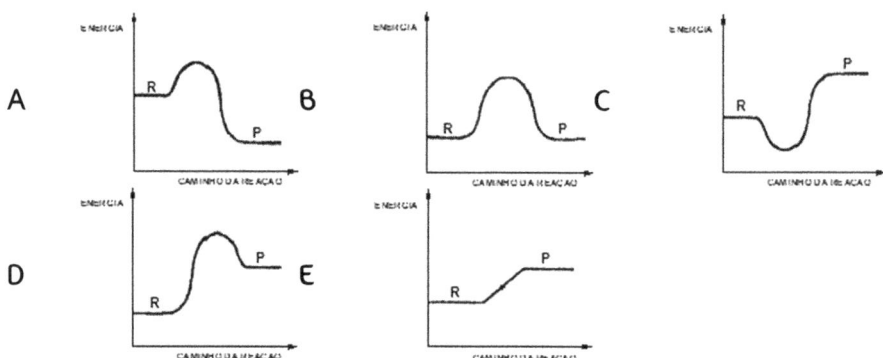

17 Em dois experimentos, massas iguais de ferro reagiram com volumes iguais da mesma solução aquosa de ácido clorídrico, à mesma temperatura. Num dos experimentos, usou-se uma placa de ferro; no outro, a mesma massa de ferro, na forma de limalha. Nos dois casos, o volume total de gás hidrogênio produzido foi medido, periodicamente, até que toda a massa de ferro fosse consumida. Assinale a alternativa cujo gráfico melhor representa as curvas do volume total do gás hidrogênio produzido em função do tempo.

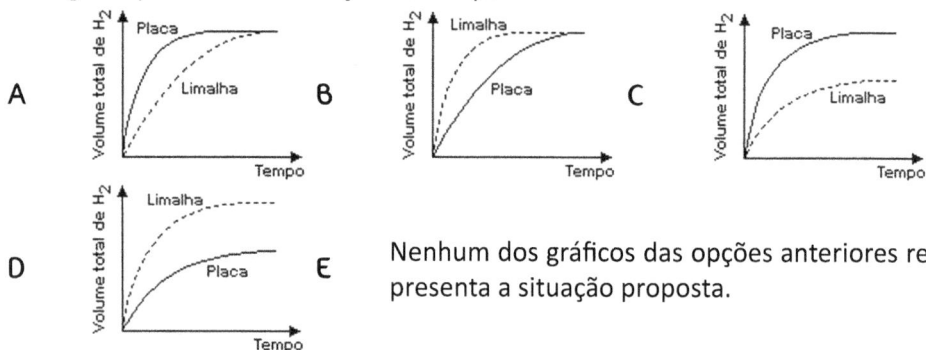

E   Nenhum dos gráficos das opções anteriores representa a situação proposta.

18 Analise este gráfico, em que está representada a variação da concentração de um reagente em função do tempo em uma reação química:

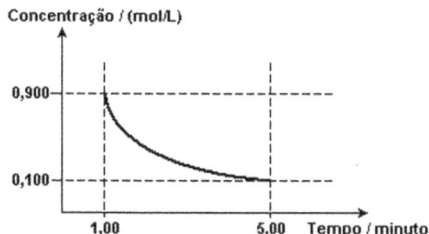

Pelo gráfico, é **CORRETO** afirmar que, no intervalo entre 1 e 5 minutos, a velocidade média (mol·L^{-1}·min^{-1}) de consumo desse reagente é de:

A   0,200.   B   0,167.   C   0,225.   D   0,180.   E   0,157.

19 A amônia é empregada como matéria-prima na fabricação de fertilizantes nitrogenados. É obtida industrialmente por síntese total, como mostra a reação $N_2(g) + 3 H_2(g) \rightarrow 2 NH_3(g)$. O quadro ao lado apresenta a variação do número de mols de nitrogênio durante essa reação.

Mols de N_2	Tempo (min)
20	0
10	2
5	5
2	10

Considere rendimento de 100% no processo e condições normais de temperatura e pressão. Assim, a velocidade média da reação em L/min, no intervalo de 2 a 10 minutos, em função do consumo de H_2, equivale a:

A   22,4.   B   44,8.   C   67,2.   D   89,6.   E   112,0.

... Equilíbrio Químico ...

20 A reação $2 A + 3 B \rightarrow C + 2 D$, onde todas as substâncias se encontram no estado gasoso, ocorre com liberação de calor. Após certo tempo, o sistema entra em equilíbrio. Indique a alternativa que apresenta três maneiras de aumentar a produção de C e D.

A   utilizar um catalisador, aumentar a pressão e aumentar a concentração de A.

B   reduzir a concentração de B, aumentar a temperatura e reduzir a pressão.

C   utilizar um catalisador, aumentar o volume e reduzir a temperatura.

D   aumentar a concentração de C, reduzir o volume e aumentar a temperatura.

E   aumentar a concentração de A, aumentar a pressão e reduzir a temperatura.

21 Óxido nítrico, também conhecido como monóxido de nitrogênio, é uma substância química gasosa, incolor e conhecida por mediar processos que ocorrem dentro e fora das células. Esse óxido é capaz de se dissolver em gorduras, óleos vegetais e outros lipídios.

Disponível em: <www.mundoboaforma.com.br>

Considere o sistema em equilíbrio descrito pela equação:

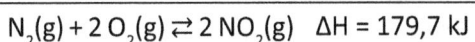

$$N_2(g) + 2 O_2(g) \rightleftarrows 2 NO_2(g) \quad \Delta H = 179,7 \text{ kJ}$$

Em relação a esse sistema, todas as alternativas estão **CORRETAS**, exceto:

A   A diminuição da pressão favorece a formação de dióxido de nitrogênio.

B   A formação de oxigênio é simultânea à de dióxido de nitrogênio.

C   A reação é lenta à temperatura ambiente.

D   A retirada do dióxido de nitrogênio formado favorece sua produção.

E   O NO_2 atmosférico contribui para o fenômeno da chuva ácida.

22   Em determinado processo indus-
trial, ocorre uma transformação química,
que pode ser representada pela equação
x A(g) + y B(g) $\rightleftarrows$ z C(g) em que x, y e z
são, respectivamente, os coeficientes estequiométricos das substâncias A, B e C.
O gráfico representa a porcentagem, em
mols, de C na mistura, sob várias condições de pressão e temperatura. Com base
nesses dados, pode-se afirmar que essa
reação é:

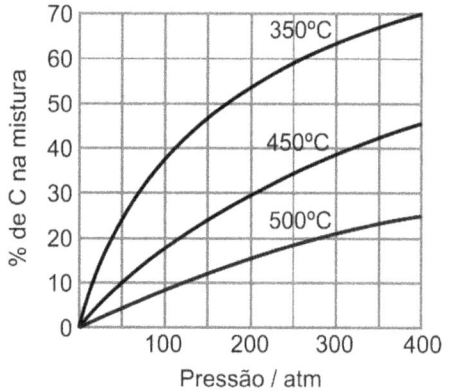

A   exotérmica, sendo x + y = z.   B   endotérmica, sendo x + y < z.

C   exotérmica, sendo x + y > z.   D   endotérmica, sendo x + y = z.

E   exotérmica, sendo x + y < z.

23   Em um funil de separação, encontram-se, em contato, volumes iguais de duas soluções: uma de I_2 em água, de
concentração $0,1 \cdot 10^{-3}$ mol/L, e uma solução de I_2 em CCl_4,
de concentração $1,0 \cdot 10^{-3}$ mol/L. Considere que o valor da
constante Kc do equilíbrio $I_2(aq) \rightleftarrows I_2(CCl_4)$ é igual a 100, à
temperatura do experimento, para concentrações expressas
em mol/L. Assim sendo, o que é correto afirmar a respeito do
sistema descrito?

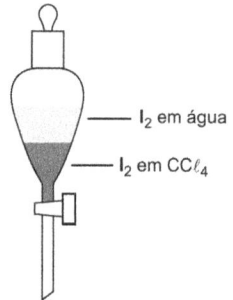

A   Se o sistema for agitado, o I_2 será extraído do CCl_4 pela água, até que a
concentração de I_2 em CCl_4 se iguale a zero.

B   Se o sistema for agitado, o I_2 será extraído da água pelo CCl_4, até que a
concentração de I_2 em água se iguale a zero.

C   Mesmo se o sistema não for agitado, a concentração de I_2 no CCl_4 tenderá
a aumentar e a de I_2 na água tenderá a diminuir, até que se atinja um estado
de equilíbrio.

D Mesmo se o sistema não for agitado, a concentração de I_2 na água tenderá a aumentar e a de I_2 no CCl_4 tenderá a diminuir, até que se atinja um estado de equilíbrio.

E Mesmo se o sistema for agitado, as concentrações de I_2 na água e de I_2 no CCl_4 não se alterarão, pois o sistema já está em um estado de equilíbrio.

24 Analise os seguintes sistemas em equilíbrio e as afirmativas sobre eles:

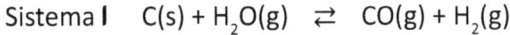

Sistema I $C(s) + H_2O(g) \rightleftarrows CO(g) + H_2(g)$

Sistema II $H_2(g) + Br_2(g) \rightleftarrows 2\,HBr(g)$

I No sistema I, tem-se um equilíbrio químico heterogêneo.

II Um aumento da pressão do sistema II não altera a condição de equilíbrio.

III Se um aumento da temperatura do sistema I desloca a reação no sentido de formação de CO e H_2, a reação no sentido direto é endotérmica.

IV Para deslocar o equilíbrio do sistema I no sentido da produção de CO e H_2, podemos adicionar carvão ao sistema.

Estão **CORRETAS** as afirmativas

A   I e III.   B   III e IV.   C   I e II.   D   II e IV.   E   I, II e III.

25 Analise o sistema formado pela reação genérica $A(g) + B(g) \rightleftarrows AB(g)$, considerando os demais dados abaixo:

gás	massa do gás na mistura
A	0,2 g
B	0,3 g
AB	0,3 g

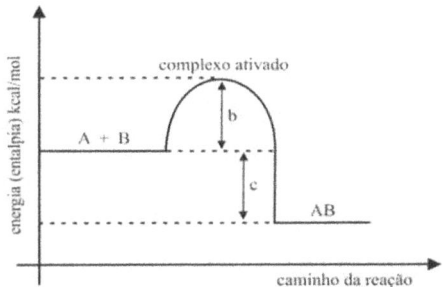

Considere que todos os gases envolvidos na mistura de composição mostrada na tabela acima apresentem comportamento ideal e estejam confinados, em equilíbrio, em um frasco lacrado de 1 L, a 27 °C. Se a constante dos gases **R** é 0,082 atm·L·mol⁻¹·K⁻¹, a massa molar de **A** é igual a 20 g/mol, e a massa molar de **B** é igual à metade da massa molar de **A**, assinale a alternativa **CORRETA**.

A   A pressão exercida por essa mistura de gases nas paredes internas do frasco é maior que 1,5 atm.

B   O aumento de temperatura e a compressão do sistema causam o mesmo efeito no deslocamento do equilíbrio químico da reação apresentada acima.

C   A concentração de AB(g) aumenta com a adição de um catalisador, o qual é totalmente consumido na reação.

D   O equilíbrio químico representado gera um sistema homogêneo, podendo ser descrito portanto por uma constante em razão das pressões parciais.

E   A fórmula da constante de equilíbrio é $K_c = [A] \times [B] \times [AB]^{-1}$.

26   Em um balão de capacidade igual a 10 L, foram adicionados 1 mol da espécie $A_2(g)$ e 2 mols da espécie $B_2(g)$. Tais reagentes sofreram transformação de acordo com a equação $A_2(g) + B_2(g) \rightleftarrows 2\ AB(g)$. Considerando-se que, no estado de equilíbrio químico, a concentração da espécie AB(g) seja de 0,1 mol·L^{-1}, a constante de equilíbrio (K_c), para esse processo, é igual a

A   0,25.   B   1,33.   C   5,00.   D   6,66.   E   7,50.

27   Em uma das etapas da fabricação do ácido sulfúrico ocorre a reação $SO_2(g) + \frac{1}{2} O_2(g) \rightleftarrows SO_3(g)$. Sabendo-se que as constantes de equilíbrio da reação diminuem com o aumento da temperatura, e que o processo de fabricação do ácido sulfúrico ocorre em recipiente fechado, conclui-se que a reação acima:

A   é favorecida pelo aumento do volume do recipiente.

B   é desfavorecida pelo aumento da pressão total exercida sobre o sistema.

C   é exotérmica.

D   não é afetada pelo aumento da pressão parcial do SO_3.

E   tem seu rendimento aumentado quando o equilíbrio é estabelecido em presença de um catalisador.

28   K_c para a reação $A(g) + B(s) \rightleftarrows C(g) + D(g)$, a 127 °C, é igual a 49 mol/L. O valor de K_p, nestas condições, é (em atm):

A   49.   B   1,6×10³.   C   4,9.   D   16.   E   1,6×10⁻³.

Equilíbrio Iônico pode ser um desafio! Está preparado?

1 A força de um ácido está diretamente ligada:

A ao seu poder corrosivo.　　　B ao seu grau de ionização.

C à sua concentração inicial.　　D ao valor de pH da solução.

E à quantidade de hidrogênios ionizáveis.

2 Um grave problema ambiental da atualidade é o aquecimento das águas de rios, lagos e mares por indústrias que as utilizam para o resfriamento de turbinas e elevam sua temperatura até 25 °C acima do normal. Isso pode provocar a morte de peixes e outras espécies aquáticas. A partir dessas informações, julgue os itens seguintes.

I Esse aquecimento diminui a solubilidade do oxigênio dissolvido na água, provocando o seu desprendimento.

II O aquecimento provoca o rompimento das ligações H e O nas moléculas de água.

III O $CO_2(g)$ atmosférico, quando dissolvido nas águas dos rios, aumenta o pH das mesmas.

IV Esse aquecimento faz com que mais um átomo de oxigênio se ligue a cada molécula de água, produzindo água oxigenada.

V Os peixes e outras espécies acabam morrendo por aquecimento e não por asfixia.

Estão **CORRETOS** os itens:

A II e IV.　　　B II e V.　　　C somente I.

D somente III.　　E I e III.

3 A água sanitária é um agente desinfetante que contém a substância hipo-clorito de sódio. A equação química a seguir representa o equilíbrio do íon hipo-clorito com o ácido hipocloroso, um agente desinfetante ainda mais eficiente: $C\ell O^-(aq) + H_2O(\ell) \rightleftarrows HC\ell O(aq) + OH^-(aq)$. Em um processo de limpeza, quantida-des iguais de água sanitária foram adicionadas a volumes iguais de líquidos com diferentes valores de pH a 25 °C, de acordo com os dados a seguir. O líquido no qual a água sanitária apresenta maior ação desinfetante é o de número:

Líquido	1	2	3	4
pH	5	7	9	11

A   1   B   2   C   3   D   4

E   A ação desinfetante é igual em qualquer pH.

4   As hortênsias são flores que possuem uma característica única: a coloração desta flor depende do solo que a comporta. Um botânico observou que as hortênsias podem gerar flores azuis ou rosadas. Decidiu então estudar como a natureza do solo pode influenciar a cor das flores. Para isso, fez alguns experimentos e anotou as seguintes observações:

I   Transplantada para um solo cujo pH era 5,6, uma planta com flores rosadas passou a gerar flores azuis.

II   Ao adicionar um pouco de nitrato de sódio ao solo em que estava a planta com flores azuis, a cor das flores permaneceu a mesma.

III   Ao adicionar calcário moído ($CaCO_3$) ao solo, em que estava a planta com flores azuis, ela passou a gerar flores rosadas.

Considerando essas observações, o botânico pode concluir que:

A   em um solo mais ácido do que aquele de pH 5,6, as flores da planta seriam azuis.

B   a adição de solução diluída de NaCℓ ao solo, de pH 5,6, faria a planta gerar flores rosadas.

C   a adição de solução diluída de $NaHCO_3$ ao solo em que está a planta com flores rosadas faria com que ela gerasse flores azuis.

D   em um solo de pH 5,0, a planta com flores azuis geraria flores rosadas.

E   em um solo neutro, de pH 7,0, a planta geraria flores brancas.

5   Em 2013 comemoraram-se 110 anos do recebimento do prêmio Nobel por Svante Arrhenius, cientista que investigou as propriedades condutoras das dissoluções eletrolíticas. Em sua teoria ácido-base, o cientista baseou-se no fato de substâncias ácidas, tais como H_2SO_4, CH_3COOH, HCℓ e $HCℓO_4$, ionizarem-se em solução aquosa e fornecerem íons hidrogênio (H^+). De modo semelhante, as bases como o NaOH e o KOH também se dissociam em solução aquosa e produzem ânions hidroxila (OH^-). Em razão dos conceitos relacionados ao equilíbrio iônico, marque a alternativa CORRETA:

A   Em uma solução de hidróxido de sódio com pH = 12, a razão entre as concentrações molares dos íons H^+ e dos íons OH^- ($[H^+]/[OH^-]$) é igual a 6.

B   Quanto menor for o valor da constante de dissociação ácida de uma espécie, maior será sua taxa de ionização em meio aquoso e, portanto, mais forte será o caráter ácido dessa espécie.

C   Em uma solução com concentração em equilíbrio de NaOH igual a 0,0001 mol·L^{-1}, podemos considerar o pH igual a 4.

D   Caso ocorra uma variação da temperatura, a constante de ionização da água (K_w) sofre uma alteração, mas ainda assim a água pura continua um meio neutro.

E   O pH da solução que se obtém ao ser feita a dissolução de 5,6 g de KOH em um litro de água, considerando dissociação total, é igual a 1.

6   Uma das reações utilizadas para a demonstração de deslocamento de equilíbrio, devido à mudança de cor, é a representada pela equação a seguir:
$2\ CrO_4^{2-}(aq) + 2\ H^+(aq) \rightleftarrows Cr_2O_7^{2-}(aq) + H_2O(\ell)$, sendo que o cromato ($CrO_4^{2-}$) possui cor amarela e o dicromato ($Cr_2O_7^{2-}$) possui cor alaranjada. Sobre esse equilíbrio foram feitas as seguintes afirmações:

I   A adição de HCℓ provoca o deslocamento do equilíbrio para a direita.

II   A adição de NaOH resulta na cor alaranjada da solução.

III   A adição de HCℓ provoca o efeito do íon comum.

IV   A adição de dicromato de potássio não desloca o equilíbrio.
As afirmações **CORRETAS** são:

A   I e II.   B   II e IV.   C   I e III.   D   III e IV.   E   I e IV.

7   Coloca-se em um recipiente de vidro água destilada, gotas de solução de fenolftaleína e, em seguida, pedaços de sódio metálico. Observa-se, então, violenta reação do metal com a água, resultando chama na superfície exposta do metal e coloração rósea na solução.

A chama e a coloração resultam, respectivamente, da queima de:

A   hidrogênio produzido na reação e aumento de pH.

B   oxigênio produzido na reação e aumento de pH.

C   nitrogênio do ar e aumento de pH.

D   hidrogênio produzido na reação e diminuição de pH.

E   nitrogênio do ar e diminuição de pH.

8   O valor numérico do produto iônico da água é $1,0 \times 10^{-14}$. Leite de magnésia é essencialmente uma suspensão de hidróxido de magnésio em água. A solubilidade do $Mg(OH)_2$, à temperatura ambiente, é $1,5 \times 10^{-4}$ mol/L. Logo, o pH do leite de magnésia está entre

A   7 e 8.   B   8 e 9.   C   9 e 10.   D   10 e 11.   E   11 e 12.

9   Dada amostra de vinagre foi diluída com água até se obter uma solução de pH = 3. O valor numérico da constante de dissociação do ácido acético é $1,8 \times 10^{-5}$. Nesta solução as concentrações de CH_3COO^- e de CH_3COOH são, respectivamente, da ordem de:

A 3×10^{-1} e $5,56 \times 10^{-10}$.   B 3×10^{-1} e $5,56 \times 10^{-2}$.

C 1×10^{-3} e 2×10^{-5}.   D 1×10^{-3} e $5,56 \times 10^{-12}$.

E 1×10^{-3} e $5,56 \times 10^{-2}$.

10   Qual o melhor procedimento para verificar se uma dada solução aquosa apresenta caráter ácido?

A   Adicionar solução de ácido clorídrico.

B   Adicionar algumas gotas do indicador alaranjado de metila (mudança de cor na faixa de pH entre 3 e 4).

C   Medir a condutibilidade elétrica.

D   Adicionar um solvente orgânico.

E   Adicionar uma porção de carbonato de sódio.

11   Carbonato de sódio, quando colocado em água, a 25 °C, se dissolve:
$$Na_2CO_3(s) + H_2O(\ell) \rightarrow HCO_3^-(aq) + 2\ Na^+(aq) + \textbf{X}$$
X e o pH da solução resultante devem ser:

A CO_2, maior que 7.   B $OH^-(aq)$, maior que 7.

C $H^+(aq)$, igual a 7.   D CO_2, igual a 7.

E $OH^-(aq)$, menor que 7.

12   Ao tomar dois copos de água, uma pessoa diluiu seu suco gástrico (solução contendo ácido clorídrico), de pH = 1, de 50 para 500 mL. Qual será o pH da solução resultante logo após a ingestão da água?

A   0.   B   2.   C   4.   D   6.   E   8.

13   Reagiu-se excesso de zinco metálico com 100 mL de solução de ácido clorídrico de pH = 2,0. Qual é a massa em gramas de cloreto de zinco obtida?

A   68.   B $6,8 \times 10^{-2}$.   C $1,36 \times 10^{-1}$.

D   13,6.   E $3,67 \times 10^{-2}$.

14   Uma dona de casa fez a seguinte sequência de operações: 1ª) colocou em água, folhas de repolho roxo picado; 2ª) depois de algum tempo, despejou a água, que apresentava cor roxa, em dois copos; 3ª) adicionou vinagre em um copo e a cor não se modificou e 4ª) adicionou leite de magnésia no outro copo e a cor tornou-se verde. Os nomes dos processos de separação empregados nas operações 1ª e 2ª, e o nome da substância que dá a coloração ao repolho e à água são, respectivamente:

A   filtração, catação e corante.

B   evaporação, decantação e titulante.

C   extração, decantação e indicador ácido-base.

D   solubilização, filtração e indicador ácido-base.

E   destilação, decantação e corante.

15   Um suco de tomate tem pH = 4. Isto significa que:

A   o suco apresenta propriedades alcalinas.

B   a concentração de íons H_3O^+ presentes no suco é 10^4 mol/L.

C   a concentração de íons H_3O^+ presentes no suco é 10^{-4} mol/L.

D   a concentração de íons OH^- presentes no suco é 10^4 mol/L.

E   a concentração de íons OH^- presentes no suco é 10^{-4} mol/L.

16   O *leite de magnésia*, constituído por uma suspensão aquosa de $Mg(OH)_2$, apresenta pH igual a 10. Isto significa que:

A   o *leite de magnésia* tem propriedades ácidas.

B   a concentração de íons OH^- é igual a 10^{-10} mol/L.

C   a concentração de íons H_3O^+ é igual a 10^{-10} mol/L.

D   a concentração de íons H_3O^+ é igual a 10^{10} mol/L.

E   a soma das concentrações dos íons H_3O^+ e OH^- é igual a 10^{-14} mol/L.

17   O K_{ps} do cloreto de prata é $1,8 \times 10^{-10}$. Sendo assim, a concentração de íons prata (mol·L^{-1}) de uma solução de uma solução saturada de AgCl à qual foram adicionados 0,001 mol de cloreto de potássio por litro será:

A $1,34 \times 10^{-10}$.   B $1,34 \times 10^{-7}$.   C $1,34 \times 10^{-5}$.

D $1,80 \times 10^{-10}$.   E $1,80 \times 10^{-7}$.

18   Um aluno foi solicitado a tentar identificar três soluções aquosas, límpidas, transparentes e incolores, A, B e C, contidas em três tubos I, II e III diferentes, usando apenas fenolftaleína (incolor) como indicador. No tubo I, observou o aparecimento de coloração vermelha. Nos tubos II e III, não houve alteração alguma. Apenas com este teste, o aluno pode afirmar que a solução no tubo:

A   I é ácida.   B   II é básica.   C   III é ácida.

D   I é básica.   E   II é ácida.

19   Alguns tipos de solo são tratados com $Ca(OH)_2$ para alterar a acidez. Esse procedimento provoca:

A   aumento de acidez.   B   diminuição da basicidade.

C   aumento do pH.   D   aumento do pOH.

E   diminuição do pH.

20   Sabendo-se que 1,3 milimols de iodeto de chumbo (II) podem ser dissolvidos em 1,0 L de água a 20 °C, é **CORRETO** afirmar que, nestas condições, o produto de solubilidade vale:

A $1,3 \times 10^{-3}$.   B $1,7 \times 10^{-6}$.   C $3,4 \times 10^{-6}$.

D $2,2 \times 10^{-9}$.   E $8,8 \times 10^{-9}$.

21   A barita (sulfato de bário) é um mineral comum. Sua constante do produto de solubilidade é $K_{ps} \cong 10^{-10}$. A solubilidade molar (mol/L) deste composto é:

A 10^{-2}.   B 10^{-10}.   C 10^{-5}.   D 10^{-20}.   E 10^{-8}.

22   Assinale a opção que apresenta o pH no qual o $Mg(OH)_2$ começará a precipitar, a partir de uma solução de $Mg(NO_3)_2$ 0,100 mol/L, após adição de NaOH. O Kps do $Mg(OH)_2$ é $1,0 \times 10^{-11}$.

A   4,0.   B   5,0.   C   7,0.   D   9,0.   E   12,0.

23   Uma amostra de polpa de laranja apresenta pH = 2,3. Dado que log 2 = 0,3, a concentração de íons hidrogênio nessa amostra, em $mol \cdot L^{-1}$, equivale a:

A   0,001.   B   0,003.   C   0,005.

D   0,007.   E   0,009.

ELETROQUÍMICA é diferencial para aprovação!

1 Considere as equações químicas:

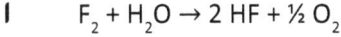

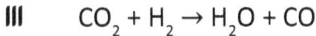

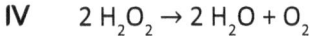

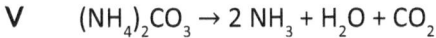

I $F_2 + H_2O \rightarrow 2\,HF + \frac{1}{2}\,O_2$

II $HCOOH \rightarrow H_2O + CO$

III $CO_2 + H_2 \rightarrow H_2O + CO$

IV $2\,H_2O_2 \rightarrow 2\,H_2O + O_2$

V $(NH_4)_2CO_3 \rightarrow 2\,NH_3 + H_2O + CO_2$

As que **NÃO** representam reações de oxidorredução são:

A   I, III.   B   II, IV.   C   II, V.   D   IV, V.   E   II, IV, V.

2   Isótopos radioativos de diversos elementos têm grande importância na medicina, já que podem ser usados no diagnóstico ou no tratamento de algumas doenças. O composto de iodo utilizado em tratamentos radioterápicos é o iodeto de potássio. Em presença de cloro, essa substância reage segundo a equação química: $2\,KI(aq) + C\ell_2(g) \rightarrow 2\,KC\ell(aq) + I_2(s)$. O fenômeno químico de conversão do iodeto em iodo, nessa reação, é classificado como:

A   redução.   B   oxidação.   C   neutralização.

D   saponificação.   E   desintegração radioativa.

3   Ao lado está representado um ciclo de transformações químicas do cobre. Nesse ciclo, X, Y e Z correspondem, respectivamente, a:

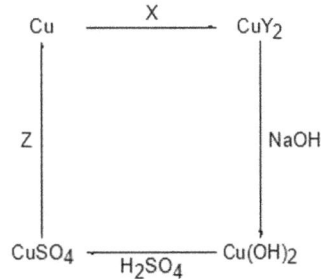

$$Cu \xrightarrow{\ \ X\ \ } CuY_2$$

$$\text{(com Z, NaOH, H}_2\text{SO}_4\text{)}$$

CuSO₄ ← (H₂SO₄) ← Cu(OH)₂

semi-reação		E° (V)
$Zn^{2+} + 2\,e^-$ →	Zn	−0,76
$Cu^{2+} + 2\,e^-$ → →	Cu	+0,34
$Ag^+ + e^-$ →	Ag	+0,80
$NO_3^- + 4\,H^+ + 3\,e^-$ →	$NO + 2\,H_2O$	+0,96
$C\ell_2 + 2\,e^-$ →	$2\,C\ell^-$	+1,40

A HNO_3, NO_3^- e Ag.   B   NO, NO_3^- e Zn.   C Cl_2, Cl^- e Ag.

D   NO, NO_3^- e Ag.   E HNO_3, NO_3^- e Zn.

4   A equação a seguir representa, de forma genérica, a reação de oxirredução entre um halogênio e um haleto: $A_2 + 2 B^- \rightarrow 2 A^- + B_2$.
Em nove tubos de ensaio, foram realizados testes de reatividade, misturando-se soluções aquosas de halogênios e de haletos, em proporção estequiométrica. Posteriormente, foi colocado $CHCl_3$ nos tubos e observada a cor da fase orgânica. Os resultados são apresentados abaixo:

A_2/B^-	Cl_2	Br_2	I_2
Cl^-	incolor	castanho	violeta
Br^-	castanho	castanho	violeta
I^-	violeta	violeta	violeta

Informação: cor dos halogênios em $CHCl_3$

Cl_2 = incolor Br_2 = castanho I_2 = violeta

Essa experiência evidencia que o poder oxidante dos três halogênios decresce na ordem:

A $Cl_2 > Br_2 > I_2$.   B $Cl_2 > I_2 > Br_2$.

C $Br_2 > I_2 > Cl_2$.   D $I_2 > Cl_2 > Br_2$.

E $I_2 > Br_2 > Cl_2$.

5   A reação de decomposição térmica do dicromato de amônio $(NH_4)_2Cr_2O_7$ tem um efeito visual muito bonito, lembrando a erupção de um vulcão. A reação em questão pode ser representada pela seguinte equação química:

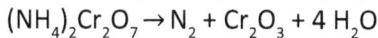

$$(NH_4)_2Cr_2O_7 \rightarrow N_2 + Cr_2O_3 + 4 H_2O$$

Esta reação permite concluir que:

A   há um hidróxido representado na equação.

B   o hidrogênio sofreu oxidação.

C   há dois sais representados na equação.

D   o cromo sofreu redução.

E   o número de oxidação do cromo no dicromato de amônio é +3.

6   O níquel é um metal muito utilizado na produção de moedas e como catalisador de reações de polimerização. Partindo do níquel puro, é possível realizar as seguintes transformações:

$$Ni \xrightarrow{I} NiS \xrightarrow{II} NiSO_4 \xrightarrow{III} Ni_2(SO_4)_3 \xrightarrow{IV} NiO$$

É CORRETO afirmar que o níquel sofreu oxidação nas etapas:

A   I e II.   B   I e III.   C   II e III.   D   I e IV.   E   II, III e IV.

7   Observe a reação $SnC\ell_2 + 2\ HC\ell + H_2O_2 \rightarrow SnC\ell_4 + 2\ H_2O$. A partir dela, podemos afirmar corretamente que:

A   o Sn e o $C\ell$ sofrem oxidação.

B   o Sn sofre oxidação e o O, redução.

C   o Sn sofre oxidação e o $HC\ell$, redução.

D   o H_2O_2 sofre redução e o $C\ell$, oxidação.

E   o H_2O_2 sofre oxidação e o Sn, redução.

8   O iodo é um halogênio usado na fabricação de remédios, corantes, desinfetantes e como componente de processos fotográficos. Uma de suas obtenções industriais é mostrada a seguir:

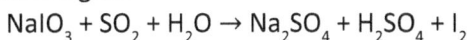

$$NaIO_3 + SO_2 + H_2O \rightarrow Na_2SO_4 + H_2SO_4 + I_2$$

A soma dos coeficientes dos reagentes, depois de ajustada a equação com os menores coeficientes inteiros possíveis, é igual a:

A   10.   B   11.   C   12.   D   13.   E   14.

9   Considere a equação $NaHSO_4 + A\ell + NaOH \rightarrow Na_2S + A\ell_2O_3 + H_2O$. A soma dos menores coeficientes inteiros dos produtos desta equação balanceada é:

A   6.   B   7.   C   10.   D   11.   E   14.

10   Considere a reação de oxidorredução expressa pela equação não-balanceada $MnO_4^- + SO_2 + H_2O \rightarrow Mn^{2+} + SO_4^{2-} + H^+$. A soma dos coeficientes (menores números inteiros possíveis) é:

A   15.   B   18.   C   20.   D   22.   E   25.

11   A hidrazina (N_2H_4) e o peróxido de hidrogênio (H_2O_2) são usados como propelentes de foguetes. Eles reagem de acordo com a equação:

$$H_2O_2 + N_2H_4 \rightarrow HNO_3 + H_2O$$

O número de mols de H_2O_2 necessários para reagir com 220 g de N_2H_4 é:

A   48,13.   B   38,13.   C   43,25.   D   33,25.   E   25,50.

12   Considere a reação representada pela equação química não balanceada $H_2S + Br_2 + H_2O \rightarrow H_2SO_4 + HBr$. Neste processo, pode-se afirmar que:

A   o Br_2 é o agente redutor.

B   o H_2SO_4 é o agente oxidante.

C   a reação é de dupla troca.

D   para cada mol de Br_2 consumido, é produzido um mol de HBr.

E   os menores coeficientes inteiros de H_2S e Br_2, na equação balanceada, são 1 e 4, respectivamente.

13   Os menores coeficientes inteiros que equilibram a reação

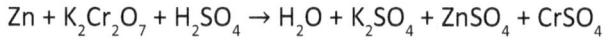

$$Zn + K_2Cr_2O_7 + H_2SO_4 \rightarrow H_2O + K_2SO_4 + ZnSO_4 + CrSO_4$$

são, respectivamente:

A   1-1-2-2-1-1-2.   B   2-1-4-4-1-2-1.   C   2-1-7-7-1-2-1.

D   4-1-2-2-1-4-2.   E   4-1-7-7-1-4-2.

14   Fazendo-se borbulhar gás cloro através de 1,0 litro de uma solução de hidróxido de sódio, verificou-se ao final do experimento que todo hidróxido de sódio foi consumido, e que na solução resultante foram formados 2,5 mol de cloreto de sódio. Considerando que o volume da solução não foi alterado durante todo o processo, e que na temperatura em questão tenha ocorrido apenas a reação correspondente à seguinte equação química, não balanceada, $OH^-(aq) + C\ell_2(g) \rightarrow C\ell^-(aq) + C\ell O_3^-(aq) + H_2O(\ell)$, qual deve ser a concentração inicial do hidróxido de sódio?

A   6,0 mol/L.   B   5,0 mol/L.   C   3,0 mol/L.

D   2,5 mol/L.   E   2,0 mol/L.

15   Uma das técnicas de produção de $KMnO_4$ requer duas reações características. Na primeira, o MnO_2 é convertido a K_2MnO_4 por reação com KOH fundido na presença de O_2:

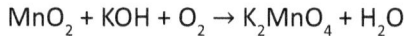

$$MnO_2 + KOH + O_2 \rightarrow K_2MnO_4 + H_2O$$

Na segunda, K_2MnO_4 é convertido a $KMnO_4$ por reação com $C\ell_2$:

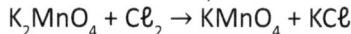

$$K_2MnO_4 + C\ell_2 \rightarrow KMnO_4 + KC\ell$$

Que massa (em g) de $C\ell_2$ é necessária para produzir $KMnO_4$, partindo-se de 10,0 g de MnO_2?

A   4,1.   B   9,1.   C   10,1.   D   18,3.   E   36,5.

16   Qual a massa de zinco metálico depositada após a eletrólise de uma solução aquosa de sulfato de zinco ($ZnSO_4$) que durou aproximadamente 3,50 horas, sob corrente de 6,00 A? A massa molar do zinco é 65,4 g/mol e a constante de Faraday é 96500 C.

A   63,2 g.   B   51,2 g.   C   25,6 g.   D   7,12 mg.   E   427 mg.

17 Moedas feitas com ligas de cobre se oxidam parcialmente pela ação do ambiente. Para *limpar* estas moedas pode-se utilizar o arranjo esquematizado ao lado. Ao se fechar o circuito, a semirreação que ocorre na moeda é:

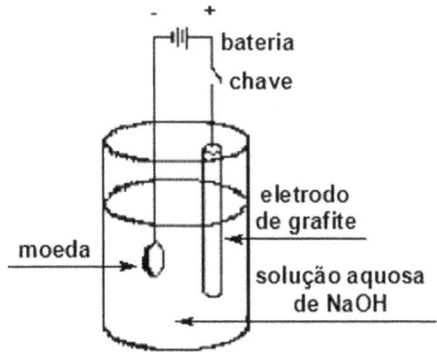

A $Cu \rightarrow Cu^{2+} + 2\ e^-$.   B $Cu \rightarrow Cu^+ + e^-$.   C $Cu^{2+} + 2\ e^- \rightarrow Cu$.

D $Cu + Cu^{2+} \rightarrow 2\ Cu^+$.   E $Cu^{2+} + 2\ OH^- \rightarrow Cu(OH)_2$.

18 A eletrólise do cloreto de sódio fundido produz sódio metálico e gás cloro. Nesse processo, cada íon:

A   sódio recebe dois elétrons.   B   cloreto recebe um elétron.

C   sódio recebe um elétron.   D   cloreto perde dois elétrons.

E   sódio perde um elétron.

19 Água, contendo Na_2SO_4 apenas para tornar o meio condutor e o indicador fenolftaleína, é eletrolisada com eletrodos inertes. Neste processo, observa-se desprendimento de gás:

A   de ambos os eletrodos e aparecimento de cor vermelha somente ao redor do eletrodo negativo.

B   de ambos os eletrodos e aparecimento de cor vermelha somente ao redor do eletrodo positivo.

C   somente do eletrodo negativo e aparecimento de cor vermelha ao redor do eletrodo positivo.

D   somente do eletrodo positivo e aparecimento de cor vermelha ao redor do eletrodo negativo.

E   de ambos os eletrodos e aparecimento de cor vermelha ao redor de ambos os eletrodos.

20 Considere que foram necessários 10,0 minutos para, sob ação de uma corrente constante de 3,00 A, depositar-se eletroliticamente todo o íon cobre II de uma solução. Em tais condições, a massa (em gramas) de cobre metálico depositada no cátodo é:

A   0,59.   B   5,92.   C   31,8.   D   56,6.   E   63,5.

21 Os potenciais de redução padrão para algumas espécies são apresentados abaixo:

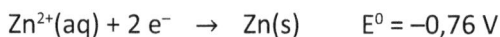

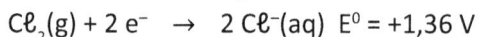

$$Ni^{2+}(aq) + 2\ e^- \rightarrow Ni(s) \qquad E^0 = -0,25\ V$$
$$Cu^{2+}(aq) + 2\ e^- \rightarrow Cu(s) \qquad E^0 = +0,34\ V$$
$$Zn^{2+}(aq) + 2\ e^- \rightarrow Zn(s) \qquad E^0 = -0,76\ V$$
$$2\ H^+(aq) + 2\ e^- \rightarrow H_2(g) \qquad E^0 = 0,00\ V$$
$$C\ell_2(g) + 2\ e^- \rightarrow 2\ C\ell^-(aq)\ \ E^0 = +1,36\ V$$

Uma solução de ácido clorídrico foi adicionada a um tubo de ensaio que continha quantidades idênticas de níquel, cobre e zinco na forma metálica. A quantidade de ácido clorídrico adicionada foi suficiente para qualquer reação que possa acontecer no tubo. O resultado do experimento foi:

A   O cobre oxida o ácido clorídrico, liberando gás cloro. Zinco e níquel não reagem.

B   Zinco e níquel oxidam o ácido clorídrico, liberando o gás cloro. Cobre metálico não reage.

C   Zinco e cobre reagem, produzindo uma pilha. Níquel oxida o ácido clorídrico, liberando gás cloro.

D   Zinco e níquel são oxidados pelo ácido clorídrico, liberando gás hidrogênio. Cobre metálico não reage.

E   O cobre é oxidado pelo ácido clorídrico, liberando gás hidrogênio. Zinco e níquel não reagem.

22 O funcionamento de uma pilha de combustível é baseado nas semireações a seguir, cada uma delas representada com o respectivo potencial padrão de redução, E°:

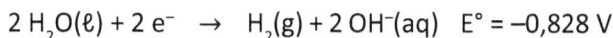

$$2\ H_2O(\ell) + 2\ e^- \rightarrow H_2(g) + 2\ OH^-(aq)\ \ E° = -0,828\ V$$
$$\tfrac{1}{2}\ O_2(g) + H_2O(\ell) + 2\ e^- \rightarrow 2\ OH^-(aq) \qquad E° = +0,401\ V$$

Levando-se em conta estas informações, afirma-se:

I   A reação global da pilha de combustível é $H_2(g) + \tfrac{1}{2}\ O_2(g) \rightarrow H_2O(\ell)$.

II   O hidrogênio sofre oxidação no processo.

III A diferença de potencial desta pilha de combustível, em condição padrão, é igual a 1,229 V.

Estão **CORRETAS** as afirmações:

A   I, apenas.   B   II, apenas.   C   I e II, apenas.

D   II e III, apenas.   E   I, II e III.

23   Uma pilha galvânica padrão foi construída usando-se, como eletrodos, um fio de zinco metálico mergulhado em solução contendo íons zinco II e um fio de prata metálica mergulhado em solução contendo íons prata I. Considerando as semi-reações

$$Zn^{+2} + 2 e^- \rightarrow Zn(s) \quad E° = -0,76 V$$

$$Ag^+ + e^- \rightarrow Ag(s) \quad E° = 0,80 V$$

assinale a alternativa que apresenta, respectivamente, o ânodo, o cátodo e o potencial padrão da pilha:

A   Zn; Ag; 0,04 V.   B   Ag; Zn; −1,56 V.   C   Zn; Ag; 1,56 V.

D   Ag; Zn; 2,36 V.   E   Ag; Zn; −2,32 V.

24   Considere as semi-reações abaixo, cujos potenciais de redução são:

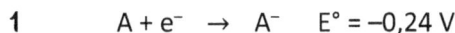

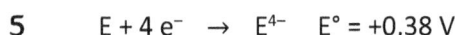

1      $A + e^- \rightarrow A^- \quad E° = -0,24 V$

2      $B^- + e^- \rightarrow B^{2-} \quad E° = +1,25 V$

3      $C^- + 2 e^- \rightarrow C^{3-} \quad E° = -1,25 V$

4      $D + 2 e^- \rightarrow D^{2-} \quad E° = +0,68 V$

5      $E + 4 e^- \rightarrow E^{4-} \quad E° = +0,38 V$

Que combinação destas semi-reações resultaria numa célula eletroquímica com o maior potencial?

A   1 e 2.   B   1 e 3.   C   2 e 3.   D   2 e 5.   E   4 e 5.

25   De acordo com os dados:

$$Fe^{2+} + 2 e^- \rightarrow Fe° \quad E° = -0,440 V$$

$$A\ell^{3+} + 3 e^- \rightarrow A\ell° \quad E° = -1,663 V$$

verifica-se que não se devem colocar parafusos de ferro numa esquadria de alumínio, pois:

A   o ferro cederá elétrons para o alumínio.

B   o alumínio será reduzido.

C   ocorrerá corrosão do alumínio.

D   ocorrerá a formação de $Fe(A\ell O_2)_3$.

E   formará uma pilha com ddp igual a 2,103 V.

26   As células eletroquímicas são usadas como fonte de energia elétrica. O
potencial padrão da célula eletroquímica,
representada na figura ao lado, é 0,46 V. A
reação que acontece na célula é
2 Ag$^+$(aq) + Cu(s) → 2 Ag(s) + Cu^{2+}(aq).
Assinale a opção que apresenta o potencial desta célula quando a concentração de íons prata for 1,0 × 10^{-3} mol·L^{-1}
e a concentração de íons cobre for
1,0 × 10^{-4} mol·L^{-1}.

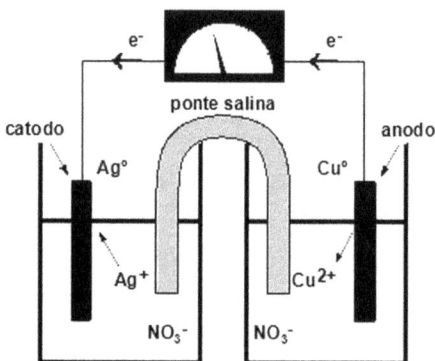

Considere a equação de Nernst: $E = E^0 - \dfrac{0,0592}{n} \times \log Q$

A   0,23 V.   **B**   0,35 V.   **C**   0,40 V.   **D**   0,46 V.   **E**   0,56 V.

27   A pilha comum é composta por um cilindro de zinco com uma barra de grafite no centro e uma pasta úmida composta por MnO_2, $ZnC\ell_2$ e $NH_4C\ell$. As equações das reações que se passam nesta pilha são:

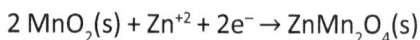

Zn(s) → Zn^{+2} + 2 e$^-$ 2 MnO_2(s) + Zn^{+2} + 2e$^-$ → $ZnMn_2O_4$(s)
São feitas as seguintes afirmativas:

I   O zinco sofre oxidação.   **II**   O manganês sofre redução.

III   O grafite atua como eletrodo inerte.
Assinale a opção que contém a(s) afirmativa(s) **correta(s)**:

A   apenas I.   **B**   apenas II.   **C**   apenas III.

D   apenas I e II.   **E**   I, II e III.

10...Radioatividade

1 O cobalto-60 é um radioisótopo muito utilizado em tratamentos de alguns tipos de câncer. Sobre a velocidade da reação de decaimento do cobalto-60 em uma fonte radioativa, é **CORRETO** afirmar que:

A aumenta se a fonte for resfriada.

B diminui se a fonte for aquecida.

C permanece constante se a fonte for aquecida.

D chega a zero se a fonte for resfriada a uma temperatura muito baixa.

E aumenta se a fonte for aquecida.

2 Em 1934, Irène Joliot-Curie, filha do casal Curie, e seu marido Frédéric Joliot-Curie, obtiveram o primeiro isótopo radioativo artificial bombardeando uma folha de alumínio com partículas alfa, segundo a reação nuclear

$$_{13}^{27}A\ell + \alpha \rightarrow {_{15}^{30}}P + X$$

O isótopo 30 do fósforo é emissor de pósitron, β^+, (partícula de massa igual à do elétron, de carga igual e de sinal oposto), e seu decaimento radioativo pode ser representado por

$$_{15}^{30}P \rightarrow \beta^+ + Y$$

Os produtos X e Y das reações acima são, respectivamente:

A nêutron e isótopo 30 do silício (Z = 14).

B próton e isótopo 31 do fósforo (Z = 15).

C elétron e isótopo 31 do silício (Z = 14).

D nêutron e isótopo 30 do fósforo (Z = 15).

E próton e isótopo 32 do enxofre (Z = 16).

3 Na fusão de um átomo de deutério (H-2) com um átomo de trítio (H-3) ocorre a formação de um átomo de He-4 e emissão de uma partícula **x**. Com base na reação nuclear descrita, a partícula **x** pode ser identificada como:

A nêutron.   B próton.   C alfa.

D beta.   E pósitron.

4 No coração das estrelas ocorre a fusão do hidrogênio em outros elementos. As enormes pressões geram temperaturas de dezenas de milhares de graus, que causam reações capazes de fundir prótons com prótons, formando, como num jogo de lego, outros elementos. Nas estrelas como o Sol, a fusão vai até o carbono e oxigênio. Nas mais pesadas, até o ferro. São elas as fornalhas alquímicas do cosmo.

ALQUIMIA CÓSMICA, Marcelo Gleiser, Folha de São Paulo, Caderno Mais.

Segundo o texto um elemento que NÃO devemos encontrar no Sol é o:

A   hélio (Z = 2).   B   nitrogênio (Z = 7).   C   boro (Z = 5).

D   cloro (Z = 17)   E   lítio (Z = 3).

5   Dentre os metais alcalino-terrosos, o elemento rádio é o que apresenta maior massa atômica, 226 u. Foi descoberto em 1898 por Pierre e Marie Curie e seu nome vem da palavra *radius*, que significa raio, em latim. Este elemento pode se apresentar na forma de isótopos com números de massa 223, 225, 226 e 228. A seguir, é representado graficamente o decaimento radioativo de um de seus isótopos.

Decaimento radioativo de uma amostra de rádio-223

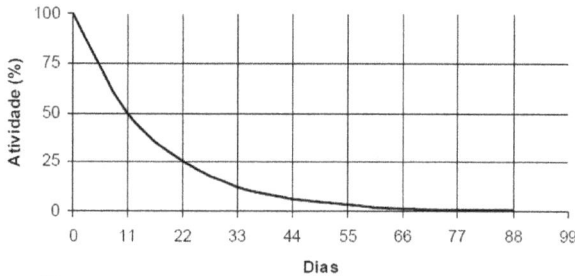

Com base no gráfico acima, se uma amostra do isótopo 223 do rádio apresenta hoje massa igual a 0,5 g, a massa inicial dessa amostra, em gramas, há 66 dias, era:

A   64   B   32   C   16   D   8   E   4

6   Uma certa localidade nos Estados Unidos tem sido denominada *o local mais sujo da Terra* por causa da grande quantidade de resíduos radioativos produzidos e estocados na região. Estima-se que mais de uma tonelada de plutônio radioativo possa estar contida nos resíduos sólidos do local, junto de líquidos moderadamente radioativos e substâncias químicas tóxicas. Sabendo-se que a meia-vida do plutônio-239 é de 24000 anos, o número de anos necessários para que a massa desse isótopo, presente no local, decaia para 1/16 do seu valor original é:

A   96000.   B   72000.   C   48000.   D   2400.   E   12000.

7   Na medicina nuclear, são utilizados radiofármacos no diagnóstico e tratamento de várias doenças. Alguns radiofármacos utilizam o tecnécio-99m

(Tc-99m), que possui propriedades úteis como um marcador nuclídeo emissor-gama e pode ser utilizado em exames do cérebro, do miocárdio, da tireoide, dos pulmões e outros. A utilização de um radioisótopo depende das suas propriedades químicas e biológicas, inclusive do seu tempo de meia-vida. O isótopo ^{99m}Tc possui tempo de meia-vida de 6 horas, adequado para que se acumule no órgão que se quer estudar e para que não permaneça muito tempo no organismo. A massa de ^{99m}Tc, necessária para realizar um determinado exame, corresponde a 500 mg. Considerando que um paciente realizará esse exame 12 horas após o radionuclídeo ser administrado, a quantidade mínima do radiofármaco que o paciente deverá receber é igual a:

A   2 g.   B   1 g.   C   500 mg.   D   250 mg.   E   125 mg.

8   O armazenamento do lixo radioativo é um dos grandes obstáculos para o uso da energia nuclear. Atualmente, o lixo radioativo é guardado em tanques subterrâneos. Segundo as normas internacionais, uma quantidade de rejeito que apresenta atividade radioativa de 6×10^{12} desintegrações por minuto (dpm) só poderá ser desenterrada após 10000 anos, quando a atividade estiver reduzida a 3×10^{-3} dpm, nível considerado inofensivo. O tempo de meia-vida desse nuclídeo (em anos) é proximo de: (use log 2 = 0,30)

A   100.   B   200.   C   400.   D   800.   E   1600.

9   Considere que o urânio empobrecido é um subproduto do processo do enriquecimento da forma natural desse elemento químico. Por ser extremamente denso, resistente e inflamável, esse metal vem sendo amplamente empregado na área civil e militar. Seu uso crescente vem aumentando a dispersão de partículas de urânio empobrecido na natureza, expondo principalmente as populações civis a potenciais riscos, cujo real impacto para a saúde humana e o meio ambiente ainda é obscuro e polêmico.

Adaptado de: http://cienciahoje.uol.com.br/101827. Acesso em: 28-10-09.

O urânio empobrecido é principalmente formado pelo isótopo U-238 e sua meia-vida é aproximadamente a idade da Terra, ou seja, 5 bilhões de anos. Relacionando a meia-vida do U-238 com a idade da Terra, pode-se concluir que:

A   restam hoje no planeta Terra apenas 50% do U-238.

B   daqui a 10 bilhões de anos não restará mais U-238 na Terra.

C   cada núcleo de U-238 permanece inalterado por apenas 5 bilhões de anos.

D   a quantidade de U-238 só sofrerá alteração nos próximos 5 bilhões de anos.

E   quando a Terra atingir a idade de 10 bilhões de anos haverá no planeta apenas 10% do U-238.

10   O carbono-14 em madeira viva decai à taxa de 16 dpm (desintegrações por minuto) por grama de carbono. Se a meia-vida desse isótopo é de 5600 anos, a idade aproximada (em anos) de um pedaço de cadeira, encontrada num túmulo egípcio que apresentava, na época de seu descobrimento, uma taxa de 10 dpm, é de: (use log 2 = 0,3).

A   2800.   B   3700.   C   5600.   D   7100.   E   11200.

11   A respeito dos processos de fissão e fusão nuclear, assinale a alternativa **CORRETA**.

A   A fusão nuclear é o processo de junção de núcleos atômicos menores formando núcleos atômicos maiores, absorvendo uma grande quantidade de energia.

B   A fissão nuclear é o processo utilizado na produção de energia nas usinas atômicas, com baixo impacto ambiental, sendo considerada uma energia limpa e sem riscos.

C   No Sol ocorre o processo de fissão nuclear, liberando uma grande quantidade de energia.

D   A equação abaixo representa uma reação de fissão nuclear.

$$_{0}^{1}n + {}_{92}^{235}U \rightarrow {}_{56}^{140}Ba + {}_{36}^{93}Kr + 3\,{}_{0}^{1}n$$

E   O processo de fusão nuclear foi primeiramente dominado pelos americanos para a construção das bombas atômicas de Hiroshima e Nagasaki.

12   A meia-vida de um dos isótopos do bismuto (^{210}Bi) é de 5 dias. Em 10 dias, partindo-se de 100 µg do referido isótopo, teremos:

A   20 µg.   B   50 µg.   C   0 µg.   D   25 µg.   E   200 µg

... Introdução à Química Orgânica ...

1 A vitamina K3 pode ser representada pela fórmula ao lado. Quantos átomos de C e de H existem por molécula da vitamina K3?

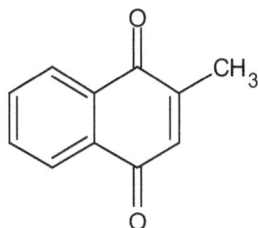

A 1 e 3. B 3 e 3. C 9 e 8. D 11 e 8. E 11 e 10.

2 Considerando o composto ao lado, indique, respectivamente, o número de ligações sigma (σ), pi (π) e o tipo de hibridação do composto.

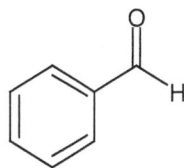

A 6 σ; 1 π; sp^3. B 10 σ; 1 π; sp^3. C 11 σ; 2 π; sp^3.
D 14 σ; 4 π; sp^2. E 14 σ; 1 π; sp^2.

3 O indol, uma substância formada durante o processo de decomposição de proteínas, contribui para o odor característico das fezes. A fórmula molecular e o número de ligações pi, presentes na estrutura são, respectivamente:

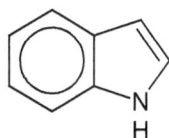

A C_8H_7N, quatro. B C_8H_3N, uma. C C_9H_7N, três.
D C_9H_5N, quatro. E C_6H_9N, uma.

4 O limoneno é um hidrocarboneto presente na casca da laranja. A fórmula molecular e o número de ligações pi presentes em sua estrutura são, respectivamente:

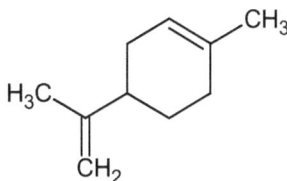

A $C_{10}H_{16}$, duas. B $C_{10}H_{16}$, uma. C $C_{10}H_8$, duas.
D C_9H_{18}, uma. E C_9H_{12}, duas.

5 Uma cadeia carbônica alifática, homogênea, saturada, apresenta um átomo de C secundário, dois átomos de C quaternário e um átomo de C terciário. Quantos átomos de C esta cadeia apresenta?

A   7.   B   8.   C   9.   D   10.   E   11.

6   A nicotina, em mulheres grávidas fumantes, atravessa a barreira da placenta, alcançando o embrião e aumentan-do-lhe a frequência cardíaca, isto é, *o embrião fuma*. Observe a estrutura da nicotina, representada a seguir. Os carbonos secundários presentes nessa estrutura são em número de:

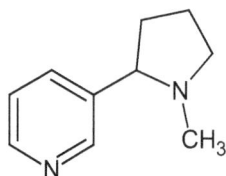

A   2.   B   3.   C   5.   D   8.   E   10.

... Funções Orgânicas ...

7   Considere as afirmações seguintes sobre hidrocarbonetos.

I   Hidrocarbonetos são compostos orgânicos constituídos somente de carbono e hidrogênio.

II   São chamados de alcenos somente os hidrocarbonetos insaturados de cadeia linear.

III   Cicloalcanos são hidrocarbonetos alifáticos saturados de fórmula geral C_nH_{2n}.

IV   São hidrocarbonetos aromáticos: bromobenzeno e naftaleno.

São **CORRETAS** as afirmações:

A   I e III, apenas.   B   I, III e IV, apenas.   C   II, III e IV, apenas.

D   III e IV, apenas.   E   I, II e IV, apenas.

8   O betacaroteno é um poderoso antioxidante natural encontrado em frutas e legumes de cores alaranjada, como a cenoura por exemplo. Ele também favorece o bronzeamento da pele por favorecer a produção de melanina pela nossa pele. Observando a estrutura do betacaroteno, é CORRETO afirmar que:

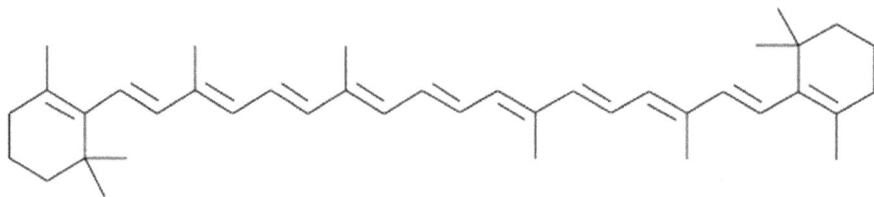

A   É um hidrocarboneto de cadeia heterogênea.

B Possui 20 insaturações.

C Sua fórmula é $C_{40}H_{56}$.

D Possui 18 carbonos secundários.

E É classificado como um alcino.

9 Quando carvão é aquecido, na ausência de oxigênio, obtém-se uma mistura complexa de produtos, muitos deles aromáticos. Um dos produtos obtidos na queima do carvão é o antraceno, $C_{14}H_{10}$, cuja estrutura é apresentada ao lado. A cadeia carbônica do antraceno corresponde a um:

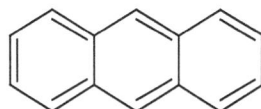

A alceno, insaturado, não aromático, com núcleos condensados.

B hidrocarboneto, heterocíclico, insaturado.

C hidrocarboneto, saturado, aromático, com núcleos condensados.

D hidrocarboneto, insaturado, aromático, com núcleos condensados.

E heterocíclico, saturado, aromático.

10 Os aromas e sabores dos alimentos são essenciais para nossa cultura na escolha, no preparo e na degustação dos alimentos. A seguir estão representadas algumas das substâncias responsáveis pelas sensações características do gengibre, da framboesa, do cravo e da baunilha.

gingerona	eugenol
p-hidroxi-fenol-2-butanona	vanilina

A função química presente nas quatro estruturas representadas é:

A   éster.   B   álcool.   C   cetona.   D   aldeído.   E   fenol.

11   Flavorizantes são substâncias orgânicas que conferem aos alimentos um dado sabor característico. Abaixo estão representadas as fórmulas estruturais de alguns flavorizantes conhecidos.

butanoato de etila (abacaxi)	etanoato de propila (pera)
limoneno (limão / laranja)	mentol (menta)

Observando as fórmulas estruturais dos flavorizantes acima, marque a única alternativa **INCORRETA**:

A   Nenhum dos flavorizantes é aromático.

B   O mentol é um álcool.

C   O limoneno é um hidrocarboneto insaturado.

D   A fórmula química do butanoato de etila é $C_6H_{12}O_2$.

E   O etanoato de propila possui cadeia ramificada.

12   Indique as funções orgânicas oxigenadas e a percentagem em massa aproximada de carbono contida em uma molécula de aspartame, cuja fórmula está ao lado.

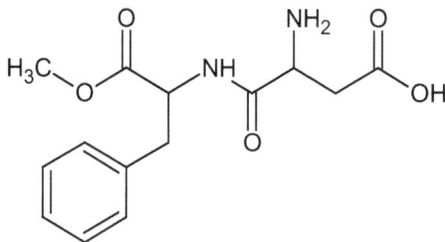

A   éter, cetona e ácido carboxílico; 47%.

B   éster, cetona e ácido carboxílico; 47%.

C   éster, ácido carboxílico e amida; 47%.

D   éster, ácido carboxílico e amida; 57%.
E   éster, cetona e ácido carboxílico; 57%.

13   Mentol ocorre em várias espécies de hortelã e é utilizado em balas, doces e produtos higiênicos. Observe a estrutura do mentol e assinale a alternativa **CORRETA**.

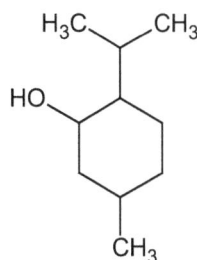

A   A fórmula molecular do mentol é $C_{10}H_{19}O$.
B   O mentol possui 3 carbonos secundários.
C   Possui um radical isopropil.
D   Possui a função orgânica fenol.
E   Apesar de seu nome usual ter a terminação **ol** (ment**ol**), ele **NÃO** é um álcool.

14   Para a estrutura ao lado, o nome oficial (nomenclatura IUPAC) é:

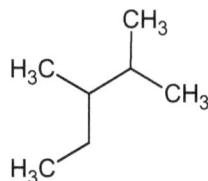

A   2,3-dimetilpentano.   B   1,1,2-trimetil butano.
C   2-metil-3-etilbutano.   D   2-etil-3-metilbutano.
E   1,1-dimetil-2-etil-propano.

15   O isoctano (2,2,4-trimetil pentano) é um dos principais constituintes da gasolina, que é uma mistura de hidrocarbonetos. A fórmula molecular do octano é:

A C_8H_{18}.   B C_8H_{16}.   C C_8H_{14}.   D $C_{12}H_{24}$.   E $C_{18}H_{38}$.

16   São compostos orgânicos aromáticos:
A   n-butano e isopropanol.   B   n-heptano e cicloexano.
C   propanona e clorofórmio.   D   ácido benzoico e fenol.
E   éter etílico e butanoato de metila.

17   O ácido acetilsalicílico é um composto orgânico
sintético bastante utilizado
como analgésico, antipiréti-
co e antiinflamatório. Industrialmente, esse composto
é obtido de acordo com o
esquema de reações ao lado.
Com base nas estruturas químicas apresentadas no es-
quema, é CORRETO afirmar
que

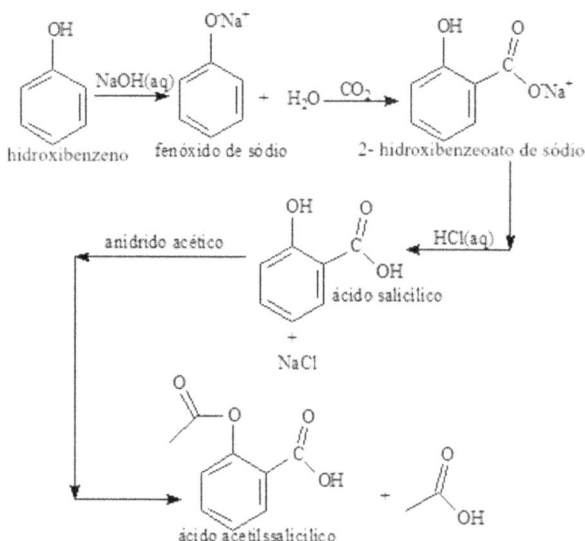

A   O hidróxi-benzeno é um álcool.

B   Há um grupo funcional éster na estrutura do ácido acetilsalicílico.

C   O fenóxido de sódio é um sal de ácido carboxílico.

D   O ácido salicílico pode ser denominado ácido p-hidroxi-benzoico.

E   No esquema apresentado não há aromaticidade.

18   O cinamaldeído ou óleo de canela é obtido através da destilação da casca
da planta Cinnamomum zeylanicum. O cinamaldeído tem composição percentual
de 81,82% de carbono, 6,06% de hidrogênio e 12,12% de oxigênio.Com base nesses dados, qual a fórmula mínima desse composto?

A C_9HO_2.   B C_3H_4O.   C C_9H_8O.   D C_8H_9O.   E $C_8H_6O_{12}$.

19   O benzeno e o cicloexano são solventes utilizados em laboratório. Sobre
estes dois compostos, indicar a alternativa FALSA.

A   Ambos são líquidos à temperatura de 25 °C.

B   Ambos são constituídos de moléculas de 6 átomos de carbono.

C   Ambos são hidrocarbonetos aromáticos.

D   A molécula do benzeno é plana, e a do cicloexano não.

E   A molécula do benzeno tem ligações duplas e a do cicloexano só tem
ligações simples.

12...Propriedades dos Compostos Orgânicos

É importante compreender as propriedades dos compostos orgânicos!

1   A vitamina C, cuja estrutura é mostrada ao lado, apresenta vários grupos hidrófilos, o que facilita sua dissolução na água. Por esta razão, ao ser ingerida em excesso, é eliminada pelos rins. Considerando suas atrações interatômicas e intermoleculares, o caráter hidrossolúvel é justificado pelo fato de a vitamina C apresentar uma estrutura composta de:

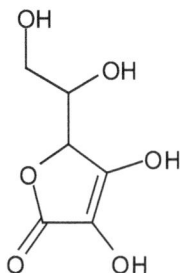

A heteroátomos.	**B** íons aglomerados.
C dipolos permanentes.	**D** carbonos assimétricos.
E cadeia mista, com parte fechada e parte aberta.	

2   Ao realizar alguns testes, um estudante encontrou as seguintes propriedades para um sólido branco:

I   É solúvel em água.

II   Sua solução aquosa é condutora de corrente elétrica.

III   Quando puro, o sólido não conduz corrente elétrica.

IV   Quando fundido, o líquido puro não conduz corrente elétrica.

Considerando essas informações, o sólido em questão pode ser:

A sulfato de potássio.	**B** cloreto de sódio.
C platina.	**D** ácido cis-butenodioico.
E sacarose (açúcar comum).	

3   Assinale a alternativa correta para o líquido puro com a maior pressão de vapor a 25 °C.

A n-butano.	**B** n-octano
C 1-propanol.	**D** glicerol (1,2,3-propanotriol).
E água.	

4   Muito se ouve sobre ações em que se utilizam bombas improvisadas. Nos casos que envolvem caixas eletrônicos, geralmente as bombas são feitas com dinamite (TNT – trinitrotolueno), mas nos atentados terroristas geralmente são utilizados explosivos plásticos, que não liberam odores. Cães farejadores detectam

TNT em razão da presença de resíduos de DNT (dinitrotolueno), uma impureza do TNT que tem origem na nitração incompleta do tolueno. Se os cães conseguem farejar com mais facilidade o DNT, isso significa que, numa mesma temperatura, esse composto deve ser

A   menos volátil que o TNT, e portanto tem uma menor pressão de vapor.

B   mais volátil que o TNT, e portanto tem uma maior interação intermolecular.

C   menos volátil que o TNT, e portanto tem um maior ponto de ebulição.

D   mais volátil que o TNT, e portanto tem uma maior pressão de vapor.

E   menos volátil que o TNT, e portanto tem uma massa molar menor.

5   Recentemente, anunciou-se que o Brasil atingiu a autossuficiência na produção do petróleo, uma importantíssima matéria-prima que é a base da moderna sociedade tecnológica. O petróleo é uma complexa mistura de compostos orgânicos, principalmente hidrocarbonetos.

Para sua utilização prática, essa mistura deve passar pelo processo da destilação fracionada, em que se discriminam frações com diferentes temperaturas de ebulição. O gráfico ao lado contém os dados dos pontos de ebulição de alcanos não ramificados, desde o metano até o decano. Com base no gráfico, considere as seguintes afirmativas:

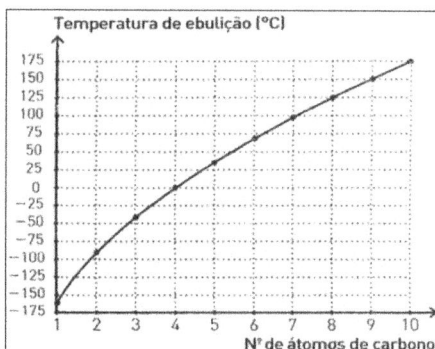

I CH_4, C_2H_6, C_3H_8 e C_4H_{10} são gasosos à temperatura ambiente (cerca de 25 °C).

II   O aumento da temperatura de ebulição com o tamanho da molécula é o reflexo do aumento do momento dipolar da molécula.

III   Quando se efetua a separação dos referidos alcanos por destilação fracionada; destilam-se inicialmente os que têm moléculas maiores.

IV   Com o aumento do tamanho da molécula, a magnitude das interações de van der Waals aumenta, com o consequente aumento da temperatura de ebulição.

A   Somente as afirmativas I e II são verdadeiras.

B   Somente as afirmativas I e III são verdadeiras.

C   Somente as afirmativas I e IV são verdadeiras.

D   Somente as afirmativas II e III são verdadeiras.

E   Somente as afirmativas II, III e IV são verdadeiras.

SE OS HUMANOS SÃO FEITOS DE **CARBONO,** CREIO QUE ESTA DEVE SER UMA **CADEIA CARBÔNICA!**

PENTENCIÁRIA DO ESTADO

6   Sobre os compostos orgânicos, assinale a alternativa **CORRETA**.

A   A cadeia carbônica $CH_3CH_2CHC\ell COOCH_3$ é classificada como acíclica, insaturada, normal e homogênea.

B   O pentanal é um álcool e apresenta fórmula molecular $C_5H_{10}O_2$.

C   O composto da fórmula $(CH_3)_3CCH=C(CH_3)CH(OH)CH(CH_3)NHCH(CH_3)_2$ apresenta 7 carbonos primários, 4 carbonos secundários, 1 carbono terciário e 1 carbono quaternário.

D   Os compostos hexano, 1-pentanol, pentanal e ácido butanoico estão dispostos em ordem crescente de ponto de ebulição.

E   Os ácidos orgânicos CH_3COOH, $CC\ell_3COOH$, $CH_2C\ell COOH$ estão dispostos em ordem crescente de acidez.

7   Assinale a afirmação **CORRETA** a respeito do ponto de ebulição normal (PE) de algumas substâncias.

A   O 1-propanol tem menor PE do que o etanol.

B   O etanol tem menor PE do que o éter metílico.

C   O n-heptano tem menor PE do que o n-hexano.

D   A trimetilamina tem menor PE do que a propilamina.

E   A dimetilamina tem menor PE do que a trimetilamina.

8   Assinale entre as opções a seguir o composto orgânico que apresenta maior ponto de ebulição.

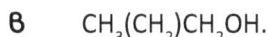

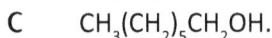

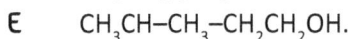

A CH_3CH_2OH.

B $CH_3(CH_2)CH_2OH$.

C $CH_3(CH_2)_5CH_2OH$.

D CH_3CH-CH_3-OH.

E $CH_3CH-CH_3-CH_2CH_2OH$.

9   Umectantes são aditivos que entram na fabricação de bolos, panetones, rocamboles etc. A finalidade é evitar que a massa resseque. Para tanto, um umectante deve possuir alta afinidade pela água. Indique qual das substâncias abaixo é usada como umectante.

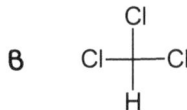

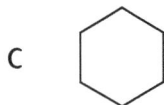

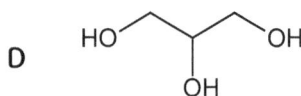

A

B

C

D

E

10   Considerando o estudo das séries orgânicas, a alternativa que representa uma série homóloga é:

A C_4H_{10} C_4H_8 C_4H_6

B C_2H_6 C_2H_6O $C_2H_4O_2$

C C_2H_2 C_2H_4 C_2H_6

D CH_4 C_2H_6 C_3H_8

E C_3H_8 C_3H_8O C_3H_8S

11   Sobre os compostos butano, 1-butanol e ácido butanoico foram feitas as seguintes afirmações:

I   Suas fórmulas moleculares são respectivamente C_4H_{10}, $C_4H_{10}O$ e $C_4H_8O_2$.

II   A solubilidade em água do butano é maior do que a do 1-butanol

III   O ponto de ebulição do ácido butanoico é maior do que o do 1-butanol.

IV   O ponto de fusão do butano é maior do que o ácido butanoico.

Estão **CORRETAS** as afirmações:

A   I e II.   B   II e IV.   C   I e III.   D   III e IV.   E   I, III e IV.

As reações de combustão sempre aparecem...

1 A reação de combustão do gás propano é representada pela equação química $C_3H_8 + 5\,O_2 \rightarrow 3\,CO_2 + 4\,H_2O$. Partindo-se de 4,40 g de propano, o volume (em L) de CO_2 obtido nas CNTP será:

A   1,12.   B   2,24.   C   6,72.   D   22,4.   E   44,0.

2 Misturam-se 12 g de carvão coque com 24 g de gás oxigênio para a formação exclusiva de monóxido de carbono com rendimento de 100%. Após o término dessa primeira etapa de combustão, a segunda etapa inicia-se e conclui-se no mesmo recipiente, também com rendimento de 100%. Qual a massa (em g) de dióxido de carbono que se forma ao término do processo?

A   11.   B   22.   C   33.   D   44.   E   55.

3 A respeito da combustão completa de 1 mol de gás propano, no estado padrão, são feitas as seguintes afirmações:

I   Trata-se de um processo endotérmico.

II   Ocorre com liberação de energia para o meio externo.

III   Há a formação de 3 mols de dióxido de carbono e 4 mols de água.

IV   São consumidos 5 mols de gás oxigênio.

Analisando-se as afirmações acima, estão CORRETAS somente

A   I e II.   B   I, II e III.   C   II, III e IV.

D   I, III e IV.   E   II e IV.

4 O fenol é um composto que pode ser utilizado na fabricação de produtos de limpeza, para desinfecção de ambientes hospitalares.

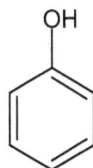

Considere as entalpias-padrão de formação, relacionadas na tabela:

substância	ΔH_f^0 (kJ·mol^{-1})
fenol(s)	−165
$H_2O(\ell)$	−286
$CO_2(g)$	−394

A energia liberada, em kJ, na combustão completa de 1 mol de fenol é:

A   515.   B   845.   C   1875.   D   2733.   E   3057.

5   O hidrogênio vem sendo considerado um possível substituto dos combustíveis altamente poluentes de origem fóssil, como o dodecano, utilizado na aviação. Sabe-se que, sob condições-padrão, as entalpias de combustão do dodecano e do hidrogênio molecular são respectivamente iguais a −7.500 e −280 kJ·mol^{-1}. A massa de hidrogênio, em gramas, necessária para gerar a mesma quantidade de energia que a gerada por 1 g de dodecano equivale a:

A   0,157.   B   0,315.   C   0,471.   D   0,630.   E   0,871.

6   Veículos automotivos podem utilizar o combustível diesel S-500, menos poluente que o metropolitano por conter menor teor de enxofre. Observe a tabela a seguir.

DIESEL	TEOR DE ENXOFRE (mg/kg)	DENSIDADE (g/cm^3)
metropolitano	2000	0,8
S-500	500	0,8

A poluição da atmosfera se dá após a transformação do enxofre em dióxido de enxofre, ocorrida na queima de óleo diesel. A equação química a seguir indica essa transformação: $S(s) + O_2(g) \rightarrow SO_2(g)$.

Dois caminhões, um utilizando diesel S-500 e outro, diesel metropolitano, deslocam-se com velocidade média de 50 km/h, durante 20 h, consumindo, cada um, 1 L de combustível a cada 4 km percorridos.

Considerando as condições acima descritas e a conversão total do enxofre em dióxido de enxofre, a redução da poluição proporcionada pelo caminhão que usa diesel S-500, em relação àquele que usa diesel metropolitano, expressa em gramas de SO_2 lançado na atmosfera, corresponde a:

A   800.   B   600.   C   500.   D   400.   E   300.

7   A combustão completa do gás metano, feita em presença de ar, a temperatura e pressão constantes, pode ser representada pela seguinte equação química não balanceada $CH_4(g) + O_2(g) \rightarrow CO_2(g) + H_2O(\ell)$. Admita que:

•   60,0 L deste combustível foram queimados por um veículo;

•   o oxigênio reagente represente 20% do volume total do ar.

Nestas condições, o volume de ar em L necessário à combustão equivale a:

A   60,0.   B   120,0.   C   300,0.   D   480,0.   E   600,0.

14...Gabaritos & Resoluções

Confira seus acertos! Verifique técnicas de resolução!
Este capítulo é muito importante para o seu crescimento – aproveite!

2... Matéria & Energia

1   D

O estado sólido é o que apresenta a menor distância entre as unidades estruturais (moléculas) e a maior organização. Assim, o gelo está representado na figura **A**. A melhor representação da água no estado líquido é a figura **C** (distância entre as moléculas ainda pequena, mas sem muita organização. A melhor representação do vapor d'água é a figura **B**.

2   D

Aprenda o essencial sobre alotropia no texto abaixo. Será fácil responder a questão.

Alotropia (do grego ἄλλος [állos], *outro, diferente*, e τροπος [tropos], *maneira*) é o nome atribuído por Jöns Jacob Berzelius ao fenômeno em que um mesmo elemento químico pode originar duas ou mais substâncias simples diferentes. Os principais casos de alotropia são carbono, oxigênio, enxofre e fósforo.

O elemento **carbono** (C, Z = 6) forma as substâncias grafite e diamante de forma natural e os fulerenos de forma artificial. O grafite é um sólido escuro e pouco resistente, apresenta massa específica 2,22 g/cm^3. Do ponto de vista microscópico, é um sólido constituído pela união de enorme quantidade de átomos de carbono, e cada um deles apresenta geometria molecular trigonal plana. Já o diamante é um sólido transparente e muito duro, apresentando massa específica 3,99 g/cm^3.

É a substância natural mais dura que se conhece. Por causa disso, é usado para cortar vidro e fazer brocas. Sua dureza é atribuída ao modo como os vários tetraedros de carbono se apresentam ligados.

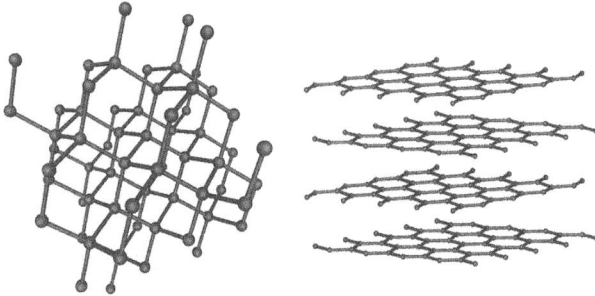

O elemento **oxigênio** (O, Z = 8) é encontrado na atmosfera na forma de gás oxigênio (O_2) e de gás ozônio (O_3). O gás oxigênio é o segundo componente mais abundante do ar atmosférico. Ele corresponde a 21% do volume do ar seco e sem poluentes. É impossível a sobrevivência da maioria dos seres vivos sem oxigênio. É também impossível fazer a combustão de um material, como gasolina ou álcool, na ausência desse gás. O ozônio é um gás que existe em pequena quantidade no ar que respiramos, mas em maior quantidade numa altitude de 20 km a 40 km, constituindo a camada de ozônio. Ela tem um papel muito importante, pois impede que boa parte dos raios ultravioleta do Sol chegue à superfície terrestre. O excesso desses raios pode causar no ser humano lesões nos olhos, na pele e no sistema imunológico. Nos seres fotossintetizantes, interfere na fotossíntese, diminuindo o rendimento das lavouras e matando o alimento dos peixes pequenos, o que prejudica a vida nos oceanos.

O elemento químico **enxofre** (S, Z = 16) forma moléculas octatômicas S_8. No estado sólido, moléculas S_8 agrupam-se e constituem o retículo cristalino molecular. Há, contudo, duas formas distintas, ambas naturais, de enxofre. Uma é chamada de enxofre rômbico e a outra de enxofre monoclínico. Ambas são de cor amarelada, e, quando vistas muito de perto, percebe-se que têm formatos diferentes.

O elemento químico **fósforo** (P, Z = 15) forma moléculas tetratômicas de fósforo branco (P_4). Trata-se de uma substância que pode queimar espontaneamente se estiver em contato com o oxigênio do ar. Por isso é guardada submersa em água. Já se teve notícia de bombas incendiárias usadas em guerras e guerrilhas que se baseavam nessa propriedade química do fósforo branco. O elemento fósforo também forma macromoléculas, isto é, moléculas muito grandes, nas quais estão presentes bilhões de átomos. Elas são representadas por P_n ou simplesmente P) e formam a substância denominada fósforo vermelho. Esta variedade alotrópica não precisa ser guardada submersa em água, uma vez que não queima espontaneamente em contato com o ar. As afirmações corretas da questão são a **III** e a **IV**.

3   B

Cafeína é um composto químico de fórmula $C_8H_{10}N_4O_2$. É encontrada em certas plantas e usada para o consumo em bebidas, na forma de infusão, como estimulante. Apresenta-se sob a forma de um pó branco ou pequenas agulhas, que derretem a 238 °C e sublimam a 178 °C, em condições normais de temperatura e pressão.

A cafeína passa pelo processo de **extração**: *Agita-se um certo volume da bebida com dicloroetano e deixa-se em repouso algum tempo. Separa-se, então, a parte orgânica, contendo a cafeína, da aquosa.*

Depois, a cafeína é isolada e recuperada por **sublimação**: *Em seguida, destila-se o solvente e submete-se o resíduo da destilação a um aquecimento, recebendo-se os seus vapores em uma superfície fria, onde a cafeína deve cristalizar.*

4   B

Primeiramente, calculamos a densidade:

$$d = \frac{m}{V} = \frac{16,2\,g}{20\,mL} = 0,81\,g \cdot mL^{-1}$$

Este valor corresponde tanto ao etanol hidratado quanto ao 1-butanol. Observamos então o gráfico, que apresenta dois patamares nas mudanças de estado: a temperatura permanece constante, tanto durante a fusão quanto durante a ebulição. Este tipo de gráfico corresponde sempre ao aquecimento de uma substância pura: neste caso o 1-butanol.

5   D

Seriam totalmente destruídos o mercúrio líquido (seria volatilizado), a maconha, a cocaína e o sangue. O ouro em pó permaneceria, sendo recuperado na filtração.

6   E

Chamando de p.f. ao ponto de fusão, de p.e. ao ponto de ebulição e de θ à temperatura atual, podemos escrever:

temperatura	estado(s)
θ < p.f.	sólido
θ = p.f.	sólido e líquido coexistem
p.f. < θ < p.e.	líquido
θ = p.e.	líquido e gasoso coexistem
θ > p.e.	gasoso

O ácido acético (ácido etanoico) está em um banho de óleo a 150 °C. Assim, 150 °C > 118 °C. Logo, estado gasoso. O bromo está num banho de água líquida e gelo a 0 °C. Assim, −7 °C < 0 °C < 59 °C. Estado líquido.

7   D

Ferrugem, em locais com umidade, é representável por $Fe_2O_3 \cdot 3\,H_2O$. Sua cor vermelho-acastanhada é bastante característica. A equação do fenômeno químico acontecido é $4\,Fe + 3\,O_2 + 3\,H_2O \rightarrow 2\,Fe_2O_3 \cdot 3\,H_2O$.

8   B

Chamamos de sublimação a passagem direta do estado sólido para o estado gasoso, sem passar pelo estado líquido. Os exemplos mais comuns de sublimação são o naftaleno, o iodo e o $CO_2(s)$, conhecido como gelo seco.

O naftaleno, comercialmente naftalina, é um hidrocarboneto aromático cuja molécula é constituída por dois anéis benzênicos condensados. Sua fórmula molecular é $C_{10}H_8$. Seus pontos de fusão e de ebulição são 80,35 °C e 218 °C, respectivamente.

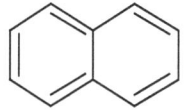

9   B

O ponto de fusão do iodo é 113,8 °C, e seu ponto de ebulição é 183 °C. No entanto, o iodo sublima e ressublima em temperatura ambiente: $I_2(s) \rightarrow I_2(g)$ e $I_2(g) \rightarrow I_2(s)$. Tanto os cristais de iodo quanto o vapor de iodo são violetas.

10   D

A resposta é muito simples. *Diamante* e *grafite* são as formas alotrópicas naturais do elemento carbono. A descoberta dos *fulerenos* ocorreu em 1985 quando um grupo de cientistas, principalmente Harold Walter Kroto e Richard Errett Smalley, obteve uma série de estruturas químicas com 44 a 90 átomos de carbono, aparecendo em maior concentração aquelas com 60 átomos de carbono. Foi a primeira nova forma alotrópica a ser descoberta no século XX, e valeu a Kroto, Robert Curl e Smalley o Prêmio Nobel de Química em 1996.

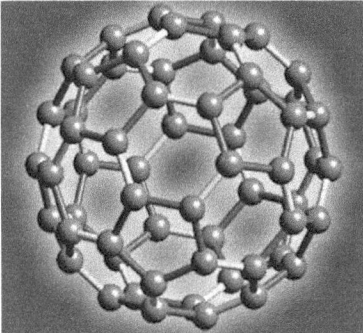
Representação tridimensional do C_{60}

Cristais de C_{60}

11   A

Fenômenos químicos são marcados pela obtenção de novas substâncias. Em **1** temos $NaC\ell \rightarrow Na + \frac{1}{2} C\ell_2$: eletrólise ígnea do $NaC\ell$ fundido, otendo-se sódio metálico e cloro. Em **5** temos $Zn + CuSO_4 \rightarrow ZnSO_4 + Cu$: uma reação de simples troca.

12   B

Acompanhe na página ao lado os processos de separação de misturas adequados para cada mistura apresentada:

	A mistura KCℓ (cloreto de potássio) + H_2O pode ser separada por evaporação da água ou por destilação simples (quando a mistura original só tem dois componentes).
	Petróleo é separado em diversas *frações*, que se separam em diferentes temperaturas. Daí o termo destilação *fracionada*.
	Enxofre (S_8) não se dissolve em água. Logo, pode ser separado por filtração.
	O item de vidro da aparelhagem ao lado é chamado de funil de decantação.

13   D

A	V	de 5 min até 15 min.
B	V	a perda de calor entre 5 min e 15 min leva a substância à solidificação, sob temperatura de 35 °C.
C	V	ver o comentário anterior.
D	F	a solidificação se iniciou aos 5 min; nestes 5 min a temperatura caiu de 50 °C até 35 °C; logo queda de 15 °C em 5 min de maneira constante: 3 °C/min.
E	V	a solidificação ocorreu de 5 min a 15 min; a substâcia foi passando de líquido a sólido. Logo, coexistem os estados líquido e sólido.

14   B

Basta ver os comentários da questão **12**. A separação dos componentes do petróleo é por destilação fracionada, o que nos deixa entre **B** e **E**. A separação do sal da água pode ser por evaporação ou por destilação simples, e a resposta (por eliminação) é **B**. A confirmação vem com a separação do dióxido de silício (SiO_2, areia) da água por filtração.

15   D

A destilação fracionada pode separar misturas homogêneas entre líquidos.

16   D

A dissolução do açúcar em água se passa sem reação química. Não há formação de novas substâncias.

17   Se a substância é sólida em temperatura ambiente, o patamar BC representa a sua fusão em temperatura constante. O trecho CD representa a substância já no estado líquido sendo aquecida.

3... Átomos & Moléculas

1   A

Afirmação por afirmação:

I	V	O elétron, para saltar de n = 1 para n = 2 deve absorver a diferença energética entre E_1 e E_2. Ao retornar de n = 2 para n = 1 liberará esta energia na forma de ondas eletromagnéticas, provavelmente luz.
II	F	O salto de n = 1 para n = 3 é mais energético que o salto de n = 1 para n = 2.
III	F	O salto de n = 1 para n = 2 absorve energia.

2   C

I	F	O modelo de Dalton é o modelo das *bolas de bilhar*: esferas maciças e indestrutíveis.

II   **V**   O modelo de Rutherford é também chamado de *átomo planetário*.

III   **F**   O modelo de Thomson é o do *pudim de passas*. O modelo descrito na afirmação é o átomo de Bohr.

3   C
Veja o comentário da questão **1**.

4   D
Em problemas que envolvem distribuição eletrônica, devemos começar pelo elemento de maior número atômico. Isto facilita todas as outras distribuições. Atenção para as possíveis exceções.

A   Cd (Z = 48) $1s^2\ 2s^2\ 2p^6\ 3s^2\ 3p^6\ 4s^2\ 3d^{10}\ 4p^6\ 5s^2\ 4d^{10}$. *Não*.

E   Ag (Z = 47) $1s^2\ 2s^2\ 2p^6\ 3s^2\ 3p^6\ 4s^2\ 3d^{10}\ 4p^6\ 5s^1\ 4d^{10}$. *Não*. A prata, como todos os outros elementos do grupo 11, troca de $s^2\ d^9$ para $s^1\ d^{10}$.

D   Sr (Z = 38) $1s^2\ 2s^2\ 2p^6\ 3s^2\ 3p^6\ 4s^2\ 3d^{10}\ 4p^6\ 5s^2$. **Encontramos a resposta**.

B   Cu (Z = 29) $1s^2\ 2s^2\ 2p^6\ 3s^2\ 3p^6\ 4s^1\ 3d^{10}$. *Não*. Exceção, tal como a prata.

C   K (Z = 19) $1s^2\ 2s^2\ 2p^6\ 3s^2\ 3p^6\ 4s^1$. *Não*.

Você sabe explicar o motivo pelo qual podemos descartar imediatamente todas as opções com **Z ímpar** (Ag, Cu e K)?

Como o estrôncio apresenta teste da chama vermelho brilhante, pude ouvir de dona Heleninha, minha esposa gaúcha, *vamo vamo INTER, vamo vamo INTER*.

5   D
Para obter a estrura eletrônica de um cátion, devemos fazer a distribuição eletrônica do átomo, e retirar os elétrons necessários do último nível. Assim, para o átomo de $_{31}$Ga, $1s^2\ 2s^2\ 2p^6\ 3s^2\ 3p^6\ 4s^2\ 3d^{10}\ 4p^1$, (2 − 8 − 18 − 3). Retiramos então 3 elétrons do quarto nível: $1s^2\ 2s^2\ 2p^6\ 3s^2\ 3p^6\ \underline{\mathbf{4s^2}}\ 3d^{10}\ \underline{\mathbf{4p^1}}$. (2 − 8 − 18 − **3**), e temos para o $_{31}$Ga^{3+} a estrutura $1s^2\ 2s^2\ 2p^6\ 3s^2\ 3p^6\ 3d^{10}$, (2 − 8 − 18). Assim, a estrutura eletrônica de um cátion pode ser diferente da estrutura de um átomo que lhe seja isoeletrônico. A estrutura de $_{28}$Ni, isoeletrônico de $_{31}$Ga^{3+}, é $1s^2\ 2s^2\ 2p^6\ 3s^2\ 3p^6\ 4s^2\ 3d^8$, (2 − 8 − 16 − 2).

6   E

O caso 3 aponta para o orbital 3s com um valor de m_ℓ não permitido (−1). Impossível.

O caso 5 aponta para um orbital do subnível 3f, que não existe. Impossível.

caso	n	ℓ	m_ℓ
1	3	2	−2
2	3	1	0
3	3	0	−1
4	3	2	0
5	3	3	−2

7   E
Copiamos do texto: *Certo átomo apresenta 4 elétrons no subnível de energia correspondente a n = 4 e ℓ = 1 (subnível mais energético)*. Ou seja, o subnível mais energético é $4p^4$, e tem que existir um $4s^2$ anterior. Assim, 6 elétrons na camada N. A distribuição eletrônica

completa é $1s^2\ 2s^2\ 2p^6\ 3s^2\ 3p^6\ 4s^2\ 3d^{10}\ 4p^4$, (2 – 8 – 18 – 6), que corresponde ao selênio, $_{34}$Se, quarto período, grupo 16.

8   C

Se o *cátion trivalente apresenta a configuração eletrônica* $1s^2\ 2s^2\ 2p^6$, tem 10 elétrons. Logo, o átomo que gerou este cátion tem 13 elétrons: é o $_{13}$Aℓ.

9   C

As percentagens citadas são, na verdade, frações molares. Assim, a expressão da massa atômica do elemento é $0,25 \times M1 + 0,75 \times M2$.

10   E

Podemos resumir as informações do texto da seguinte maneira:

41	42	42
A	B	C
20	x	20

Como A e B são isótonos, $41 - 20 = 42 - x \Rightarrow x = 21$. Assim, A e C são isótopos de $_{20}$Ca, e B é um átomo de escândio, $_{21}$Sc. Sua distribuição eletrônica é $1s^2\ 2s^2\ 2p^6\ 3s^2\ 3p^6\ 4s^2\ 3d^1$, (2 – 8 – 9 – 2). O elétron mais energético está em $3d^1$, ou seja, $n = 3$, $\ell = 2$, $m_\ell = -2$.

↑				
-2	-1	0	+1	+2

Como não foi citada convenção sobre spin, aceitaríamos qualquer dos valores, $+\frac{1}{2}$ ou $-\frac{1}{2}$.

11   D

A espécie $[M(H_2O)_4]^{2+}$ apresenta 50 elétrons. Logo, se neutra fosse, apresentaria 52 elétrons. Chamando de x ao número de elétrons de M, temos $x + (2 \times 1 + 8) \times 4 = 52$. Logo, $x = 12$. M é o magnésio, $_{12}$Mg.

12   D

Como já fizemos na questão **9**, $MA(Li) = 0,926 \times 7 + 0,074 \times 6 = 6,926 \cong 6,93$.

13   E

Reunindo as informações, temos $Z = 29$, $A = 63$, cátion 2+. $Z = 29$ corresponde ao cobre, $_{29}$Cu, 4º período, grupo 11.

14   B

A	F	II corresponde aos elementos de transição externa.
B	V	Observe que o hidrogênio foi excluído.
C	F	Z = 86 corresponde ao gás nobre radônio, $_{86}$Rn.
D	F	Observe que o $_2$He, $1s^2$, está na região IV.
E	F	V corresponde aos elementos de transição interna.

15   C
É muito conhecido que cobre é avermelhado e ouro é amarelo.

16   D
Reflita sobre esta afirmação: todos os elementos de Z ímpar apresentam pelo menos 1 elétron desemparelhado. Elementos de Z par podem ter ou não elétrons desemparelhados. Veja, por exemplo, a distribuição do $_8O$.

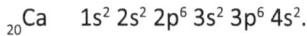

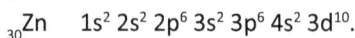

$_{20}Ca$ $1s^2\ 2s^2\ 2p^6\ 3s^2\ 3p^6\ 4s^2$.

$_{23}V$ $1s^2\ 2s^2\ 2p^6\ 3s^2\ 3p^6\ 4s^2\ 3d^3$.

$_{27}Co$ $1s^2\ 2s^2\ 2p^6\ 3s^2\ 3p^6\ 4s^2\ 3d^7$.

$_{30}Zn$ $1s^2\ 2s^2\ 2p^6\ 3s^2\ 3p^6\ 4s^2\ 3d^{10}$.

$_{33}As$ $1s^2\ 2s^2\ 2p^6\ 3s^2\ 3p^6\ 4s^2\ 3d^{10}\ 4p^3$.

17   A
Veja a distribuição do vanádio, $_{23}V$, na questão anterior.

I	F	4° período
II	V	$_{23}V = (2 - 8 - 11 - 2)$
III	F	A camada mais externa do vanádio é $4s^2$.
IV	V	Camada de valência é o último nível ($4s^2$).

18   C
I = $_{38}Sr$ (5° período, grupo 2), II = $_{17}C\ell$ (3° período, grupo 17) e III = $_{11}Na$ (3° período, grupo 1). Como o raio atômico aumenta da direita para a esquerda e de cima para baixo, a ordem crescente correta é $_{17}C\ell < _{11}Na < _{38}Sr$ = II < III < I.

19   B

A	F	$_{30}Zn$ é do 4° período, e $_{56}Ba$ é do 6° período. Logo, em raio atômico, Zn < Ba.
B	V	Ambos, $_{30}Zn^{2+}$ e $_{31}Ga^{3+}$, apresentam 28 elétrons.
C	F	Ba é um metal alcalino-terroso, logo apresenta baixa energia de ionização.
D	F	Ga é um metal representativo (4° período, grupo 13).
E	F	Ga (2 - 8 - 18 - 3), Zn (2 - 8 - 18 - 2), Ba (2 - 8 - 18 - 18 - 8 - 2).

20   C
Observe que $_{11}Na^+$, $_{12}Mg^{2+}$ e $_{13}A\ell^{3+}$ são íons isoeletrônicos, todos com 10 elétrons: são isoeletrônicos do gás nobre $_{10}Ne$. Em termos de raio iônico, o menor é o $A\ell^{3+}$, que tem 13 prótons para atrair os 10 elétrons, e o maior é o Na^+, que tem 11 prótons para atrair os 10 elétrons. Ou seja, $A\ell^{3+} < Mg^{2+} < Na^+$. O outro íon a ser comparado é $_{19}K^+$, isoeletrônico do gás nobre $_{18}Ar$, e maior do que os outros três (apresenta 3 níveis energéticos, enquanto os outros apresentam 2 níveis energéticos). Assim, a ordem de raios iônicos correta é $A\ell^{3+} < Mg^{2+} < Na^+ < K^+$.

21   C

Os três elementos representativos citados são o $_7$N (2º período, grupo 15), o $_{15}$P (3º período, grupo 15) e o $_{19}$K (4º período, grupo 1). Sobre estes três elementos, podemos afirmar: raio atômico – N < P < K e energia de ionização – K < P < N.

22   C

Todos estes íons são isoletrônicos, com 10 elétrons, sendo isoeletrônicos do gás nobre $_{10}$Ne. Procedemos de maneira semelhante à da questão 20:
$_{13}$Aℓ$^{3+}$ < $_{12}$Mg^{2+} < $_{11}$Na$^+$ < $_{19}$F$^-$ < $_8$O^{2-}. Assim, a maior energia de hidratação é a do $_{13}$Aℓ$^{3+}$.

23   E

$_{113}$Nh   7º período, grupo 13.   Assim, é um metal representativo, e provavelmente formará o cátion Nh^{3+}. Semelhantemente ao Aℓ, que forma AℓCℓ$_3$, podemos esperar um composto NhCℓ$_3$: cloreto de nihônio.

$_{115}$Mc   7º período, grupo 15.   É um metal representativo.

$_{117}$Ts   7º período, grupo 17.   Mesmo grupo do flúor.

$_{118}$Og   7º período, grupo 18.   Sua estrutura eletrônica de último nível é 7s^2 7p^6.

24   E

No fenômeno da ebulição da água, são quebradas as ligações (pontes) de hidrogênio. Na decomposição da água em H$_2$ e O$_2$, são quebradas as ligações covalentes H – O.

25   D

Na verdade, só há duas opções a considerar: C e D, uma vez que a amônia é certamente a molécula IV. Resta-nos escolher HCℓ como a molécula I, devido a ser o átomo de H sensivelmente menor que o átomo de Cℓ (C e O são átomos de tamanhos bem semelhantes).

26   B

Para a amônia e o dióxido de enxofre, usaremos VSEPR: NH$_3$E$_1$ (piramidal) e SO$_2$E$_1$ (angular). A molécula do brometo de hidrogênio é linear, como todas as moléculas formadas por dois átomos.

27   A

I$_2$ é apolar, sendo mais solúvel em solventes apolares ou pelo menos pouco polares, tais como o clorofórmio (CHCℓ$_3$, pouco polar) ou o tetracloreto de carbono (CCℓ$_4$, apolar). Água e álcool são inadequados, por serem polares.

28   B

É muito fácil perceber que as moléculas apolares são o metano (CH$_4$) e o gás carbônico (CO$_2$). Colocamos aqui as estruturas VSEPR de todas as moléculas esquematizadas na questão: CO$_2$E$_0$ (linear), OH$_2$E$_2$ (angular), NH$_3$E$_1$ (piramidal), CH$_4$E$_0$ (tetraédrica), SH$_2$E$_2$ (angular) e PH$_3$E$_1$ (piramidal).

29   B
Amônia, NH_3E_1, piramidal; $CH_2C\ell_2 = CL_4E_0$, tetraédrica e CS_2E_0 (linear, S = C = S). O **L** que usamos em CL_4E_0 corresponde a **Ligante.**

30   C
A polaridade ocorre em C (angular) e D (XY, molécula formada por dois átomos diferentes).

31   C

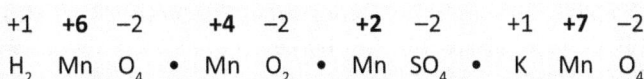

Observe na terceira fórmula a presença do radical sulfato, SO_4^{2-}.

32   A

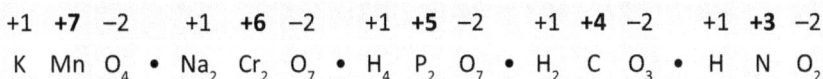

33   E

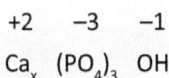

Observe a presença dos radicais negativos fosfato, PO_4^{3-}, e hidróxido, OH^-, fazendo um total de carga negativa de -10. Logo, são necessários 5 cátions Ca^{2+}.

34   E
No primeiro grupo, H_2O, devido às ligações (pontes) de hidrogênio. No segundo grupo, HF, pelo mesmo motivo. No terceiro grupo, C_4H_{10}, pela maior massa molar. Sobre alcanos, veja um gráfico na página **100**, questão **5** do capítulo **12.**

35   C
Moléculas apolares de baixa massa molar. H_2 é o exemplo mais impactante: massa molar 2 g/mol, p.f. 14,025 K (aproximadamente -259 °C).

36   E

I	V	A ligação C = O é polar.
II	V	É polar, devido à estrutura angular.
III	V	Presença de H ligado a O na estrutura.
IV	V	Metanol é líquido na temperatura ambiente (p.e. = 65 °C), enquanto a amônia é gasosa (p.e. = -33 °C). Observe as massas molares (32 g/mol × 17 g/mol) e a maior diferença de eletronegatividade entre H e O do que entre H e N).
V	F	O $CC\ell_4$ é apolar, logo praticamente insolúvel em água.

37   E
Na vaporização do etanol são rompidas ligações (pontes) de hidrogênio, devidas às ligações H – O. Na combustão são rompidas ligações covalentes C – H, C – O e O – H.

4...Reações Químicas

1   C

A   F   Fe é um metal de transição: 4º período, grupo 8.

B   F   O metal representativo menos produzido entre os citados é o chumbo
(6º período, grupo 14). Seu número atômico é 82 e sua massa molar é
207,2 g/mol.

C   V   O óxido de alumínio é um óxido anfótero, pode reagir com ácidos e com
hidróxidos: • $Al_2O_3 + 6\ HCl \rightarrow 2\ AlCl_3 + 3\ H_2O$
• $Al_2O_3 + 2\ NaOH \rightarrow 2\ NaAlO_2 + H_2O$.

D   F   Basta ver Fe (4º período) e Al (3º período).

E   F   Basta ver Fe (grupo 8) e Al (grupo 13).

2   B
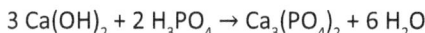
$$3\ Ca(OH)_2 + 2\ H_3PO_4 \rightarrow Ca_3(PO_4)_2 + 6\ H_2O$$

3   D
$$CaO + H_2O \rightarrow Ca(OH)_2$$

4   A
Os óxidos básicos presentes são o K_2O e o CaO; o peróxido presente é o CaO_2, que apresenta O com nox = –1, presença do ânion $(O – O)^{2-}$; a base volátil presente é a amônia
(NH_3) e os hidrácidos presentes são o H_2S e o HCl. Consideramos a grafia NH_4OH como
uma *licença poética* para $NH_3(aq)$, representando o seguinte equilíbrio:
$NH_3 + H_2O \rightleftarrows NH_4^+ + OH^-$. Eu particularmente não utilizo a grafia NH_4OH **nunca**.

5   C

I   V   Ácidos reagem com carbonatos:

$2\ H^+(aq) + CO_3^{2-} \rightarrow H_2O(\ell) + CO_2(g)$.

II   F   Soluções aquosas de ácidos são soluções iônicas.

III   F   A reação mais comum dos ácidos é oxidar metais liberando $H_2(g)$.

IV   V   A mais simples das divisões.

6   D
São necessários: O_2 para oxidar o cobre, **CO_2 e H_2O (vapor)** para a formação do radical
carbonato (CO_3^{2-}).

7 D

$6 HF + 1 SiO_2 \rightarrow 1 H_2SiF_6 + 2 H_2O$; soma 10.

8 E

Esta reação é típica dos peróxidos, que apresentam O com NOX -1, devido ao íon peróxido (O_2^{2-}). A reação tem que ser conduzida em banho de gelo, para que o peróxido de hidrogênio (H_2O_2, água oxigenada) não se decomponha: $H_2O_2 \rightarrow H_2O + \frac{1}{2} O_2$.

9 A

$KOH + H_3PO_4 \rightarrow KH_2PO_4 + H_2O$ • $KOH + H_2SO_4 \rightarrow KHSO_4 + H_2O$

10 B

$2 NaOH + H_3PO_4 \rightarrow Na_2HPO_4 + 2 H_2O$

11 A

etapa 1 • $BaC\ell_2 + Na_2CO_3 \rightarrow BaCO_3(s) + 2 NaC\ell$
etapa 2 • $BaCO_3 + 2 HNO_3 \rightarrow Ba(NO_3)_2 + H_2O + CO_2(g)$

12 B

Gipsita, também chamada de gesso (do grego gypsos) ou sulfato de cálcio hidratado é um minério de cálcio cuja composição química corresponde à fórmula $CaSO_4 \cdot 2H_2O$. A equação da reação proposta é $CaCO_3 + H_2SO_4 + H_2O \rightarrow CaSO_4 \cdot 2H_2O + CO_2$.

13 B

$CO_2 + 2 LiOH \rightarrow Li_2CO_3 + H_2O$
É interessante observar que reações como esta podem ser realizadas com outros hidróxidos. Usa-se hidróxido de lítio por ser *mais leve*: peso é um fator limitante numa nave espacial.

14 C

No experimento 1, $F_1 = I$, uma vez que não há perdas gasosas.
A equação é $AgNO_3 + NaC\ell \rightarrow AgC\ell + NaNO_3$.
No experimento 2, $F_2 < I$, uma vez que há a perda do $CO_2(g)$.
A equação é $Na_2CO_3 + 2 HC\ell \rightarrow 2 NaC\ell + H_2O + CO_2(g)$.

15 B

$Ca(OH)_2 + CO_2 \rightarrow CaCO_3(s) + H_2O$.

16 C

$BaC\ell_2 + K_2SO_4 \rightarrow BaSO_4(s) + 2 KC\ell$.

17 E

$(4) - (3) - (2) - (1)$
A reação citada em (2) é $Ba + 2 H_2O \rightarrow Ba(OH)_2 + H_2(g)$.

18 C

Não há ionização – na verdade, as soluções de NaOH e de H_2SO_4 já são iônicas.

19　E

$H^+(aq) + OH^-(aq) \rightarrow H_2O(\ell)$.

20　E

O ácido fosforoso, H_3PO_3, é um diácido: só dois hidrogênios podem *sair* na reação com um hidróxido: $H_3PO_3 + 2\ NaOH \rightarrow Na_2HPO_3 + 2\ H_2O$.

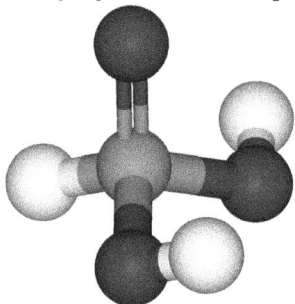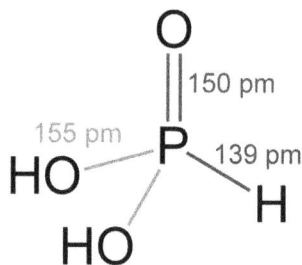

21　D

$C\ell_2(g) + H_2O(\ell) \rightarrow H^+(aq) + C\ell^-(aq) + HC\ell O(aq)$

22　A

$2\ A\ell(OH)_3 + 3\ H_2SO_4 \rightarrow A\ell_2(SO_4)_3 + 6\ H_2O$

5...Aritmética Química

1　A

A massa molar da glicose é 180 g/mol. Assim:

$$180\ g \quad - \quad 6 \times 10^{23}\ \text{moléculas}$$
$$9 \times 10^{-3}\ g \quad - \quad x$$

$x = 3 \times 10^{19}$ moléculas.

Como há 6 átomos de C por molécula, há $6 \times 3 \times 10^{19} = 1,8 \times 10^{20}$ átomos de C.

2　D

A massa molar da adrenalina é 183 g/mol. Em 1 L de plasma sanguíneo há 6×10^{-8} g de adrenalina.

$$183\ g \quad - \quad 6 \times 10^{23}\ \text{moléculas}$$
$$6 \times 10^{-8}\ g \quad - \quad x$$

$x = 1,967 \times 10^{14}$ moléculas $\cong 2,0 \times 10^{14}$ moléculas.

3　A

A opção **A** está incorreta: a massa molar da glicose é 180 g/mol. Logo, em 180 g de glicose há $6,02 \times 10^{23}$ moléculas. Vale comentar que 1 g = $6,02 \times 10^{23}$ u.

4   C

$$1,20 \times 10^{21} \text{ moléculas} \quad - \quad 0,152 \text{ g}$$
$$6 \times 10^{23} \text{ moléculas} \quad - \quad m$$

m = 76 g
Como o óxido de nitrogênio tem fórmula N_2O_x, sua massa molar é (28 + 16 x) = 76. Daí, x = 3: N_2O_3.

5   B

A vitamina C é $C_6H_8O_6$, sua massa molar é 176 g/mol. Logo, 62 mg correspondem a:

$$1 \text{ mol} \quad - \quad 176 \text{ g}$$
$$x \quad - \quad 62 \times 10^{-3} \text{ g}$$

x = 3,52 × 10⁻⁴ mol

Assim, a razão a razão pedida é $\dfrac{2,1 \times 10^{-2}}{3,52 \times 10^{-4}} = 59,6 \cong 60.$

6   C

Maior número de mols implica em maior número de átomos. Logo, usando 100 g como base de cálculo:

Fe   4,7 g / 55,8 g/mol   = 8,42 × 10⁻² mol

Ca   3,4 g / 40,1 g/mol   = 8,48 × 10⁻² mol

Na   2,6 g / 23,0 g/mol   = 1,13 × 10⁻¹ mol

K   2,3 g / 39,1 g/mol   = 5,88 × 10⁻² mol

Mg   1,9 g / 24,3 g/mol   = 7,82 × 10⁻² mol

7   E

Determinamos o número de mols de cada substância produzida:

H_2SO_4 5,0 × 10¹² g / 98 g/mol   = 5,10 × 10¹⁰ mols

NH_3 1,2 × 10¹² g / 17 g/mol   = 7,06 × 10¹⁰ mols

NaOH 10 × 10¹² g / 40 g/mol   = 2,50 × 10¹¹ mols
Logo, NaOH > NH_3 > H_2SO_4.

8   E

Em 1 mol de H_3PO_4 temos 3 mols de H, 1 mol de P e 4 mols de O.

9   B

A massa molar de NaCl é 58,5 g/mol, e a do glutamato monossódico é 169 g/mol. Assim, a percentagem de Na no NaCl é 39,3% (0,393) e a de Na no glutamato monossódico é 13,6% (0,136). Assim, opção por opção:

A   0,393 × 1 g = 0,393 g

B   0,136 × 2 g = 0,272 g

C   0,393 × 0,5 g + 0,136 × 1,5 g = 0,401 g

D   0,393 × 1, 5 g + 0,136 × 0,5 g = 0,658 g

E $0,393 \times 1\ g + 0,136 \times 1\ g = 0,529\ g$

10   A

A massa molar do nitrato de amônio é 80 g/mol, e há 2 átomos de N por fórmula. Assim, a percentagem de N é $2 \times 14 \times 100 / 80 = 35\%$.

11   C

I	F	Se a fórmula molecular da nicotina é $C_{10}H_{14}N_2$, podemos *simplificar por 2 e obter a fórmula mínima ou empírica C_5H_7N.*
II	V	Fácil de ver...
III	V	Fácil de ver...

12   D

4 mols de moléculas são $4 \times 6 \times 10^{23}$ moléculas $= 2,4 \times 10^{24}$ moléculas. Como há 8 átomos de H por molécula, $8 \times 2,4 \times 10^{24}$ átomos de H $= 1,92 \times 10^{25}$ átomos de H.

13   A

A massa molar do CO_2 é 44 g/mol. Assim:

$$6 \times 10^{23}\ \text{moléculas}\ -\ 44\ g$$
$$3 \times 10^{22}\ \text{moléculas}\ -\ m$$

$m = 2,20\ g$

14   E

Se o volume molar a 25 °C é 25 L/mol, e a densidade do ar é 1,2 g/L, a massa molar aparente do ar é 25 L/mol $\times$ 1,2 g/L = 30 g/mol. Gases com massa molar menor que 30 g/mol farão a bexiga subir (como A) e com massa molar maior que 30 g/mol farão a bexiga descer (como B). Assim:

CH_4: 16 g/mol < 30 g/mol, vai subir; NH_3: 17 g/mol < 30 g/mol, vai subir;

Ar: 39,9 g/mol > 30 g/mol, vai descer; CO_2: 44 g/mol > 30 g/mol, vai descer.

15   B

Observe que a soma das pressões parciais do ar inspirado é 760,0 mmHg. Esta também tem que ser a soma das pressões parciais do ar expirado. Para que tal aconteça, é necessário que **x** (pressão parcial do CO_2) = 31,7 mmHg. Veja o aumento das pressões parciais do CO_2 e do vapor d'água.

16   D

A equação de Clapeyron nos dá resposta: o volume do gás ideal é diretamente proporcional à temperatura absoluta. $p \times V = n \times R \times T \Rightarrow V = \dfrac{n \times R}{p} \times T$

17   D

Para transformações nas quais o número de mols de gás é invariante, podemos escrever que (naturalmente com pressões e volumes nas mesmas unidades e temperaturas em kelvins).

$$\frac{p_1 \times V_1}{T_1} = \frac{p_2 \times V_2}{T_2}$$

Aplicando ao problema: $\dfrac{900 \times 500}{273} = \dfrac{p_2 \times 2000}{546} \Rightarrow p_2 = 450,0\,\text{mmHg}$

18   D

Se a temperatura é constante, então vale $p_1 \times V_1 = p_2 \times V_2$, com pressões e volumes nas mesmas unidades. Trazendo os dados, temos $740,00 \times 441,62 = 760 \times V_2$. Calculando, obtemos $V_2 = 430,00$ mL.

19   A

A pressão inicial do frasco A era **3p** (num volume **V**), e a do frasco B era **p** (num volume **V**), ambos sob temperatura **T**. Quando há livre fluxo, a pressão será igual nos dois frascos conectados, formando um volume **2V**. Esta pressão será de **2p**, ou seja, **⅔ da pressão inicial do frasco A**.

20   E

Como o flúor tem uma só origem (Na_2PO_3F) e um só destino (F), podemos estabelecer uma equivalência: $Na_2PO_3F \equiv F$. Assim:

$$n(Na_2PO_3F) = n(F) \Rightarrow \frac{m}{MM}(Na_2PO_3F) = \frac{m}{MM}(F) \Rightarrow \frac{m}{144} = \frac{1,9}{19} \Rightarrow m = 14,4\,\text{mg}$$

Se você não conhecia e/ou estranhou Na_2PO_3F, vamos mostrar a estrutura deste composto, que é iônico.

21   D

O balanceamento da equação de oxidação catalítica da amônia em alta temperatura nos conduz a $2\,NH_3 + 5/2\,O_2 \rightarrow 2\,NO + 3\,H_2O$. Como a proporção molar é também proporção volumétrica, há 2 volumes de NO para 5 volumes de produtos gasosos ao total (lembrando: reação completa e água na forma de vapor). Assim, 40% em volume.

22   B

A equação balanceada do ataque do ácido sulfúrico aos monumentos de mármore é $CaCO_3 + H_2SO_4 \rightarrow CaSO_4 + H_2O + CO_2(g)$. Vamos calcular o número de mols de $CO_2(g)$, e aplicá-lo na equação de Clapeyron:

$$n(H_2SO_4) = n(CO_2) \Rightarrow \frac{m}{MM}(H_2SO_4) = n(CO_2) \Rightarrow n(CO_2) = \frac{2,45}{98} = 0,025\,\text{mol}$$

$$p \times V = n \times R \times T \Rightarrow 1 \times V = 0,025 \times 0,082 \times 300 \Rightarrow p = 0,615\,L = 615\,\text{mL}$$

23   D

O metano, como todos os alcanos, é bastante inerte quimicamente, não reagindo com ácidos nem com bases. Assim, haverá a reação $CO_2(g) + Ba(OH)_2 \rightarrow BaCO_3 + H_2O$.

$$n(CO_2) = n(BaCO_3) \Rightarrow n(CO_2) = \frac{m}{MM}(BaCO_3) \Rightarrow \frac{98,5}{197} = 0,5\,mol$$

$$p \times V = n \times R \times T \Rightarrow 1 \times V = 0,5 \times 0,08 \times 300 = 12\,L$$

Se a mistura gasosa era de 30 L, havia 18 L de metano.

24   B

A reação de oxidação da matéria orgânica pode ser adequadamente representada por $C_6H_{10}O_5 + 6\,O_2 \rightarrow 6\,CO_2 + 5\,H_2O$. Logo, podemos escrever:

$$n(C_6H_{10}O_5) = \frac{n(CO_2)}{6} \Rightarrow \frac{m}{MM}(C_6H_{10}O_5) = \frac{m(O_2)}{6 \times MM} \Rightarrow \frac{m}{162} = \frac{48}{6 \times 32} \Rightarrow m = 40,5\,mg$$

25   E

Balanceando a equação, temos $2\,A\ell_2O_3 + 3\,C \rightarrow 3\,CO_2 + 4\,A\ell$. A resposta à questão se torna imediata.

26   B

Como já recebemos a equação balanceada, fica fácil escrever:

$$n\left(A\ell_2(SO_4)_3\right) = \frac{n(Ca(OH)_2)}{3} \Rightarrow \frac{m}{MM}\left(A\ell_2(SO_4)_3\right) = \frac{m}{3 \times MM}(Ca(OH)_2) \Rightarrow \frac{17}{342} = \frac{m}{3 \times 74}$$

m= 11,0 t.

27   D

Como já recebemos a equação balanceada, fica fácil escrever:

$$n(MgO) = n(SO_2) \Rightarrow \frac{m}{MM}(MgO) = \frac{m}{MM}(SO_2) \Rightarrow \frac{m}{40} = \frac{9,6 \times 10^3}{64}$$

$$m = \frac{9,6 \times 10^3 \times 40}{64} = 6,0 \times 10^3\,t$$

28   B

A proporção estequiométrica é de 1 mol de N_2 : 3 mols de H_2. Como $4 : 9 \neq 1 : 3$, os reagentes NÃO estão em proporção estequiométrica (**A** incorreta), e **NÃO** serão totalmente convertidos em amônia (**C** incorreta). O balanceamento da equação nos mostra que 4 mols de reagentes se transformam em 2 mols de produtos, caracterizando contração de volume (letra **D** incorreta). A proporção estequiométrica seria de 4 mols de N_2 para 12 mols de H_2. Como só há 9 L de H_2, não há H_2 suficiente para reagir com os 4 mols de N_2, e *sobra* N_2 (N_2 em excesso, letra **B** correta). Para vermos que a letra **E** está incorreta, basta ver que:

$$\frac{n(H_2)}{3} = \frac{n(NH_3)}{2} \Rightarrow \frac{9\,L(H_2)}{3} = \frac{V(NH_3)}{2} \Rightarrow V(NH_3) = 6\,L$$

29   C

A equação já está balanceada. Assim, podemos escrever:

$$\frac{n(NH_3)}{2} = n\left(CO(NH_2)_2\right) \Rightarrow \frac{m}{2 \times MM}(NH_3) = \frac{m}{MM}\left(CO(NH_2)_2\right) \Rightarrow \frac{m}{2 \times 17} = \frac{12}{60}$$

m = 6,80 g
Aproveitamos aqui para mostrar a fórmula estrutural da ureia:

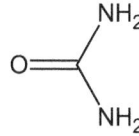

$$O = C \begin{matrix} NH_2 \\ NH_2 \end{matrix}$$

30 D
Tal como a equação está balanceada, o número de mols de gases no segundo membro é
$3/2 + 3 + 5/2 + ¼ = 7,25$ mols. Logo, para 2 mols de nitroglicerina teremos

A   F $2 \times 7,25$ mols = 14,5 mols de gases.

B   F $2 \times 3/2$ mol de N_2 = 3 mols de N_2, ou seja, 3×28 g = 84 g de N_2.

C   F 2×3 mols de CO_2 nas CNTP = $6 \times 22,4$ L = 134,4 L de CO_2.

D   V $2 \times ¼$ mol de O_2 = 0,5 mol de O_2 = 3×10^{23} moléculas de O_2.

E   F 2×3 mols de CO_2 = 6×44 g = 264 g de CO_2.

31 D
O balanceamento correto da equação é $3\,Ca(OH)_2 + 2\,H_3PO_4 \rightarrow Ca_3(PO_4)_2 + 6\,H_2O$.
Como temos dados sobre dois reagentes, precisamos verificar excesso e limitante. Comparamos:

$$\frac{n(Ca(OH)_2)}{3} ? \frac{n(H_3PO_4)}{2} \Rightarrow \frac{m}{3 \times MM}(Ca(OH)_2) ? \frac{m}{2 \times MM}(H_3PO_4) \Rightarrow \frac{444}{3 \times 74} ? \frac{294}{2 \times 98} \Rightarrow 2 > 1,5$$

Concluimos então que o hidróxido de cálcio, $Ca(OH)_2$, está em excesso e o ácido fosfórico, H_3PO_4, é o limitante.

A   V   Veja acima.

         Assim se calcula a água formada:

B   V $\frac{m}{6 \times MM}(H_2O) = 1,5 \Rightarrow m = 6 \times 18 \times 1,5$ g = 162 g

         Assim se calcula o fosfato de cálcio formado:

C   V $\frac{m}{MM}(Ca_3(PO_4)_2) = 1,5 \Rightarrow m = 310 \times 1,5$ g = 465 g

         Assim se calcula o hidróxido de cálcio que reagiu:

D   F $\frac{m}{3 \times MM}(Ca(OH)_2) = 1,5 \Rightarrow m = 3 \times 74 \times 1,5$ g = 333 g
         Logo, ficaram sem reagir 111 g.

E   V   Veja acima.

32   B

Observe que... *Os reagentes estão presentes nas condições estequiométricas, o rendimento da reação é 100% e os volumes foram medidos nas mesmas condições de temperatura e pressão.* Assim, as proporções volumétricas são também proporções molares. Como já temos os menores inteiros possíveis, usamos os números que medem os volumes como coeficientes estequiométricos, e podemos escrever a seguinte equação balanceada: $2 X_aY_b + 7 Z_2 \rightarrow 4 XZ_2 + 6 Y_2Z$. Conferindo o balanceamento de X, temos 2 a = 4 (a = 2) e 2 b = 12 (b = 6). Assim, a fórmula molecular de X_aY_b é X_aY_b. Talvez esta equação pareça mais familiar: $2 C_2H_6 + 7 O_2 \rightarrow 4 CO_2 + 6 H_2O$. Sim, a combustão completa do etano.

6...Soluções

1   E

A	F	Sem comentários...
B	F	O clorato de potássio, $KClO_3$, se torna mais solúvel que o cloreto de sódio, $NaCl$, aproximadamente a 80 °C.
C	F	É o nitrito de sódio, $NaNO_2$.
D	F	Sem comentários...
E	V	As curvas do cloreto de cálcio, $CaCl_2$, e do nitrito de sódio, $NaNO_2$, se cruzam aproximadamente a 25 °C.

2   B

110 g/100 g de água (para saturação) corresponde a 11 g/10 g de água. Como já há 2 g de KNO_3, faltam 9 g para a saturação, e mais 5 g para o corpo de fundo, totalizando 14 g.

3   B

Numa solução iônica, o total de cargas positivas contrabalança o total de cargas negativas. Assim, 0,30 mol de Na^+ e x mol de Fe^{3+} correspondem a (0,30 mol + 3 x) de cargas positivas. 0,28 mol de Cl^- + 0,10 mol de SO_4^{2-} correspondem a 0,48 mol de cargas negativas. Assim, 0,30 + 3 x = 0,48 ⇒ x = 0,06 mol de íons Fe^{3+}. Como temos 1 L de solução, 0,06 mol/L de íons Fe^{3+}.

4   B

A 20 °C, a solubilidade é 20 g de soluto / 100 g de água. Logo:

I é homogêneo: 15 g / 100 g de água.

II é homogêneo: 17,5 g / 100 g de água.

III é homogêneo: 20 g / 100 g de água.

A 70 °C, a solubilidade é 60 g de soluto / 100 g de água. Logo:

IV é heterogêneo: limite para saturação seria 180 g de soluto.

V é heterogêneo: limite para saturação seria 300 g de soluto.

VI é homogêneo: está no limite para saturação: 150 g / 250 g de água equivalem a 60 g / 100 g de água.

5   B

Vamos usar a mais usual das fórmulas de cálculo da concentração molar. Para isto necessitamos da massa de soluto, do volume da solução e da massa molar do soluto.

A massa de soluto é 5% × 540 g = 27 g. Se a densidade da solução é 0,9 g/mL, seu volume é 540 g ÷ 0,9 g/mL = 600 mL = 0,6 L. A massa molar da capsaicina ($C_{18}H_{27}NO_3$) é 305 g/mol. Calculamos então:

$$M = \frac{m}{V \times MM} = \frac{27}{0,6 \times 305} = 0,148 \, mol/L$$

6   D

Na abscissa 0 (água pura) obtemos a densidade da água: 1 g/mL. Na abscissa 100 (etanol puro) obtemos a densidade do etanol: 0,79 g/mL. Podemos calcular a massa da mistura proposta, 50 mL de etanol + 50 mL de água: (50 × 0,79 + 50 × 1) g = 89,5 g. Obtemos a densidade desta mistura na abscissa 50: 0,93 g/mL. Finalmente, calculamos o volume da mistura: 89,5 g ÷ 0,93 g/mL = 96,24 mL ≅ 96 mL.

7   A

A fórmula molecular da vitamina C (ácido ascórbico) é $C_6H_8O_6$, sendo sua massa molar 176 g/mol. 100 mL de polpa de contêm 0,1 L × 704 mg/L = 70,4 mg de vitamina C. 200 mL de polpa de laranja contêm 0,2 L × 528 mg/L = 105,6 mg de vitamina C, totalizando 176 mg de vitamina C, ou seja, 1 mmol = 10^{-3} mol de vitamina C por 1000 mL deste suco. Para atingir a dose diária, que é de $2,5 \times 10^{-4}$ mol, fazemos:

$$1000 \, mL \quad - \quad 10^{-3} \, mol$$

$$x \quad - \quad 2,5 \times 10^{-4} \, mol$$

x = 250 mL

8   B

O pedido é determinar a quantidade mínima de água necessária para dissolver cada amostra, mas... a precisão do gráfico não ajuda.

Amostra 1, a 90 °C, a solubilidade é aproximadamente 5 g / 100 g. Logo, para dissolver 25 g são necessários 500 g de água. Amostra 2, a 60 °C, a solubilidade é aproximadamente 2 g / 100 g. Logo, para dissolver 25 g são necessários 1250 g de água.

9   B

A solubilidade a 20 °C é de um pouco menos do que 30 g / 100 g. Se forem misturados 50 g do soluto em 100 g de água, teremos corpo de fundo e, consequentemente, um sistema heterogêneo. Nunca é demais lembrar que soluções supersaturadas só podem ser obtidas por resfriamento lento (o que não é o caso).

10   B

A massa molar do ácido nítrico, HNO_3, é 63 g/mol. A fórmula que usamos é muito prática:

$$M = \frac{10 \times \%m/m \times d}{MM} = \frac{10 \times 65 \times 1,40}{63}\,mol/L = 14,4\,mol/L$$

11   D

A classificação de uma solução quanto ao estado físico só depende do estado físico do solvente. Assim, respectivamente, gasosa, líquida, líquida e sólida.

12   E

As opções **A** e **B** são ácidos em solução aquosa, logo soluções condutoras. **C** e **D** são sais, também soluções aquosas condutoras. Já a acetona, composto orgânico, apesar de miscível em água em quaisquer proporções, nela não se ioniza.

13   B

A primeira operação é uma mistura de soluções de mesmo soluto, seguida de uma diluição. Assim, o número total de mols se mantém:

$V_1 \times M_1 + V_2 \times M_2 = V_f \times M_f \Rightarrow 10 \times 2 + 20 \times \mathbf{X} = 50 \times M_f \Rightarrow 2 + 2\mathbf{X} = 5 \times M_f$

A segunda operação é uma neutralização, $HC\ell + NaOH \rightarrow NaC\ell + H_2O$, o que nos permite obter o valor de M_f. O número de mols de $HC\ell$ é igual ao número de mols de NaOH. Logo, $10 \times M_f = 5 \times 2 \Rightarrow M_f = 1$. Calculando **X**, $2 + 2\mathbf{X} = 5 \times 1$. $\mathbf{X} = 1,5$ mol/L.

14   C

A massa de ácido fosfórico, H_3PO_4, é $0,8 \times 24,5$ t $= 19,6$ t. A equação de neutralização é $3\,CaO + 2\,H_3PO_4 \rightarrow Ca_3(PO_4)_2 + 3\,H_2O$. A estequiometria nos informa:

$$\frac{n(CaO)}{3} = \frac{n(H_3PO_4)}{2} \Rightarrow \frac{m}{3 \times MM}(CaO) = \frac{m}{2 \times MM}(H_3PO_4) \Rightarrow \frac{m}{3 \times 56} = \frac{19,6}{2 \times 98} \Rightarrow m = 16,8\,t$$

Só para lembrar... é perfeito trabalhar as massas em toneladas, desde que TODAS em toneladas.

15   C

Se a dibase é $M(OH)_2$, a equação de neutralização é $M(OH)_2 + 2\,HC\ell \rightarrow MC\ell_2 + 2\,H_2O$. A estequiometria assim se verifica:

$$n\big(M(OH)_2\big) = \frac{n(HC\ell)}{2} \Rightarrow \frac{m}{MM} = \frac{V \times M}{2} \Rightarrow \frac{1,85}{MM} = \frac{0,1 \times 0,5}{2} \Rightarrow MM = 74\,g/mol$$

Se a massa molar de $M(OH)_2$ é 74 g/mol, então M tem massa molar 40 g/mol: é o cálcio.

16   D

Equação de titulação: $NH_3 + HC\ell \rightarrow NH_4C\ell$. Então:

$n(NH_3) = n(HC\ell) \Rightarrow V \times M(NH_3) = V \times M(HC\ell) \Rightarrow 5 \times M = 25 \times 0,1 \Rightarrow M = 0,5$ mol/L.

A concentração indicada no rótulo não está correta, uma vez que 0,5 mol/L em NH_3 corresponde a 0,5 mol/L $\times$ 17 g/mol $= 8,5$ g/L.

17 C

A equação é $H_2SO_4 + 2\,NaOH \rightarrow Na_2SO_4 + 2\,H_2O$. A estequiometria assim se dá:

$$n(H_2SO_4) = \frac{n(NaOH)}{2} \Rightarrow V \times M = \frac{V \times M}{2} \Rightarrow V \times 0,1 = \frac{80 \times 0,4}{2} \Rightarrow V = 160\,mL$$

18 B

Esquematizamos a equação: $H_2A + 2\,NaOH \rightarrow Na_2A + 2\,H_2O$. Estequiometria:

$$n(H_2A) = \frac{n(NaOH)}{2} \Rightarrow V \times M = \frac{V \times M}{2} \Rightarrow 20 \times M = \frac{40 \times 0,1}{2} \Rightarrow M = 0,1\,mol/L$$

19 D

A reação assim se passa: $AgNO_3 + NaC\ell \rightarrow AgC\ell + NaNO_3$. Estequiometria:

$$n(AgNO_3) = n(NaC\ell) \Rightarrow V \times M = \frac{m}{MM} \Rightarrow 30 \times 0,3 = \frac{m}{58,5} \Rightarrow m = 526,5\,mg \cong 0,527\,g$$

Uma observação super importante, que você não pode esquecer: quando *misturamos* volumes e massas, temos o seguinte compromisso:

$$\text{V em mL} \Rightarrow \text{m em mg} \quad \text{(trabalhamos com \textbf{mmols})}$$
$$\text{V em L} \Rightarrow \text{m em g} \quad \text{(trabalhamos com \textbf{mols})}$$

20 C

Chamamos de M a concentração molar de H^+ da solução ácido, não fornecida.
Primeira reação: $CO_3^{2-} + H^+ \rightarrow HCO_3^-$. Logo
$n(CO_3^{2-}) = n(H^+) \Rightarrow n(CO_3^{2-}) = V \times M = 5 \times M$
Segunda reação: $HCO_3^- + H^+ \rightarrow CO_2 + H_2O$
$n(HCO_3^-) = n(H^+) \Rightarrow n(HCO_3^-) = V \times M = 15 \times M$

$$\frac{n(CO_3^{2-})}{n(HCO_3^-)} = \frac{5 \times M}{15 \times M} = \frac{1}{3}$$

21 A

A reação assim se passa: $Ca(OH)_2 + 2\,HC\ell \rightarrow CaC\ell_2 + 2\,H_2O$. Estequiometria:

$$n(Ca(OH)_2) = \frac{n(HC\ell)}{2} \Rightarrow V \times M = \frac{V \times M}{2} \Rightarrow V \times 0,02 = \frac{100 \times 0,01}{2} \Rightarrow V = 25\,mL$$

22 D

Esta reação representa o ataque do ácido sulfúrico ao mármore:
$CaCO_3 + H_2SO_4 \rightarrow CaSO_4 + CO_2 + H_2O$.

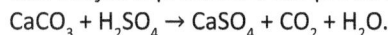

$$n(CaCO_3) = n(H_2SO_4) \Rightarrow \frac{m}{MM} = V \times M \Rightarrow \frac{25}{100} = V \times 0,5 \Rightarrow V = 0,5\,L = 500\,mL$$

Reparou bem? **m em g, V em L.**

23   B

Para equacionar a reação ocorrida, não há necessidade de usarmos a fórmula molecular (e muito menos a fórmula estrutural) do ácido cítrico. Como sabemos que é um triácido, usamos H_3Cit como sua representação: $H_3Cit + 3\ KOH \to K_3Cit + 3\ H_2O$. A fórmula molecular do ácido cítrico ($C_6H_8O_7$) serve para determinar sua massa molar: 192 g/mol. A estequiometria assim se passa:

$$n\left(H_3Cit\right) = \frac{n\left(KOH\right)}{3} \Rightarrow \frac{m}{MM} = \frac{V \times M}{3} \Rightarrow \frac{m}{192} = \frac{10 \times 0,1}{3} \Rightarrow m = 4 = 64\ mg = 0,064\ g$$

Reparou bem? **m em mg, V em mL.** 0,064 g é a massa do ácido cítrico em 0,8 g de suco de limão. O teor a que o problema se refere é uma percentagem em massa.

$$\% = \frac{0,064\ g}{0,8\ g} \times 100\% = 8\%$$

Curioso pela fórmula estrutural do ácido cítrico? Aqui está ela. Reparou nas três carboxilas?

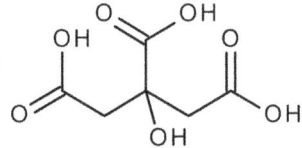

24   A

Equação da precipitação do sulfato de bário: $Ba(NO_3)_2 + Na_2SO_4 \to BaSO_4 + 2\ NaNO_3$.

$$n\left(Ba(OH)_2\right) = n\left(BaSO_4\right) \Rightarrow V \times M = \frac{m}{MM} \Rightarrow 50 \times M = \frac{23,3}{233} \Rightarrow M = 0,002\ mol/L$$

Como sempre, **massa em mg, volume em mL.** É pedida a concentração de íons bário em g/L da solução de nitrato de bário. Como MM(Ba) = 137 g/mol, a concentração é C = 0,002 mol/L × 137 g/mol = 0,274 g/L.

25   C

A equação (talvez a mais conhecida da Química) é $NaOH + HC\ell \to NaC\ell + H_2O$.
$n(NaOH) = n(HC\ell) \Rightarrow V \times M = V \times M \Rightarrow 9 \times M = 10 \times 0,18 \Rightarrow M = 0,200\ mol/L$.

26   E

Esta questão poderia atrapalhar você, veja como resolvê-la de maneira bem simples.

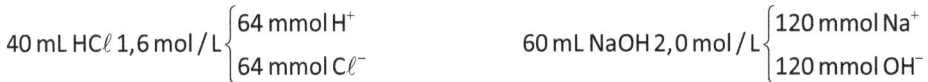

$$40\ mL\ HC\ell\ 1,6\ mol/L \begin{cases} 64\ mmol\ H^+ \\ 64\ mmol\ C\ell^- \end{cases} \qquad 60\ mL\ NaOH\ 2,0\ mol/L \begin{cases} 120\ mmol\ Na^+ \\ 120\ mmol\ OH^- \end{cases}$$

Ocorrerá a reação $H^+(aq) + OH^-(aq) \to H_2O(\ell)$, restando 56 mmol de OH^-. Calculamos as concentrações:

$$\left[Na^+\right] = \frac{120}{100}\ mol/L = 1,2\ mol/L \qquad \left[C\ell^-\right] = \frac{64}{100}\ mol/L = 0,64\ mol/L$$

$$\left[OH^-\right] = \frac{56}{100}\ mol/L = 0,56\ mol/L$$

Isto **NÃO** pode mudar: total de cargas positivas = total de cargas negativas.

27 A

Balanceamos a equação: $2\,A\ell + 3\,H_2SO_4 \rightarrow A\ell_2(SO_4)_3 + 3\,H_2$. Estequiometria:

$$\frac{n(A\ell)}{2} = \frac{n(H_2SO_4)}{3} \Rightarrow \frac{m}{2 \times MM}(A\ell) = \frac{V \times M}{3}(H_2SO_4) \Rightarrow \frac{100}{2 \times 27} = \frac{V \times 4,40}{3} \Rightarrow V = 1,26\,L$$

7...Equilíbrio Químico

1 B

Observe, no dado solubilidade, que 60,8 g de xilitol formam 160,8 g de solução aquosa saturada. Assim:

$$60,8 \text{ g de xilitol} \quad - \quad 160,8 \text{ g de solução}$$
$$M \quad - \quad 8,04 \text{ g de solução}$$

M = 3,04 g, o que corresponde 3,04 g / 152 g/mol = 0,02 mol. Logo, a energia absorvida é de 5,5 kcal/mol × 0,02 mol = 0,11 kcal = 110 cal.

Xilitol é um adoçante natural encontrado nas fibras de muitos vegetais. A fórmula molecular deste pentol é $C_5H_{12}O_5$. É tão doce quanto a sacarose, porém é cerca de 40% menos calórico.

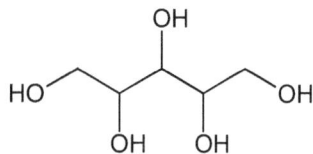

2 B

O exemplo ao lado esclarece bem. Observe que a reação que produz $H_2O(\ell)$ tem uma liberação de calor maior do que a reação que produz $H_2O(g)$. Se fosse possível, a reação que produzisse $H_2O(s)$ teria uma liberação ainda maior.

Assim, Q2 > Q1 > Q3.

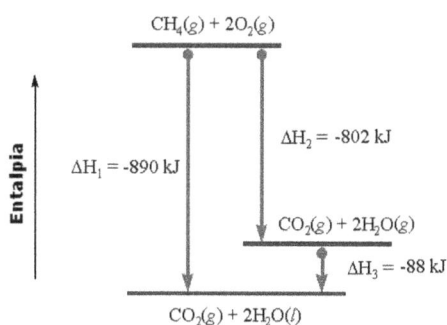

3 A

A fórmula (da Física) **Q = m × c × Δθ** é muito conhecida. Δθ = (35 − 25) °C = 10 °C. Assim, Q = 25 × 900 × 10 J = 2,25 × 10⁵ J = 225 kJ. A única reação que pode fornecer esta quantidade de calor (nas condições padrão) é a combustão do enxofre.

4 C

Como o problema nos solicita *para IGUAL energia liberada*, vamos padronizar para 9×10^3 kJ. Assim, para a produção desta quantidade de calor, precisamos queimar 10 mols de metano (gás natural, CH_4), com a produção de 10 mols de CO_2. No caso do óleo diesel, basta queimar 1 mol de tetradecano, $C_{14}H_{30}$, com a produção de 14 mols de CO_2. A razão de produção de CO_2 entre o diesel e o gás natural é 14 ÷ 10 = 1,4.

5   D

A massa molar da glicose é 180 g/mol: 0,1 mol de glicose corresponde a 18 g. O cálculo é imediato: 4 kcal/g × 18 g = 72 kcal.

6   C

A reação de fotossíntese e a reação de combustão da glicose são uma o inverso da outra, sendo a fotossíntese endotérmica (absorve energia), e a combustão exotérmica (libera energia), com o mesmo valor de ΔH em módulo, sendo o da fotossíntese positivo e o da combustão negativo. Assim, para sintetizar meio mol de glicose será absorvida a energia equivalente a 0,5 mol × 2,8 × 10^6 J/mol = 1,4 × 10^6 J.

7   A

Enunciado assustador, solução muito fácil. $H(H_2)$ = $H(O_2)$ = 0 (substâncias simples, o oxigênio O_2 é o mais estável do par oxigênio × ozônio. $H(H_2O)$ < 0, uma vez que a água é o produto da combustão (exotérmica) do H_2. Logo, $H(H_2)$ + $H(O_2)$ > $H(H_2O)$.

8   D

combustão	$2 C_2H_6 + 7 O_2 \rightarrow 4 CO_2 + 6 H_2O$	5
formação	$2 C + 3 H_2 \rightarrow C_2H_6$	4
entalpia	H	2
exotérmico	ΔH < 0	3
energia interna	E	1

9   A

Acompanhando o gráfico da esquerda para a direita, vemos que H_2 → 2 H. Logo, X, em módulo, é a energia de ligação para H – H. Sempre se fornece energia para a quebra de uma ligação. É interessante notar que, para distâncias interatômicas menores que o comprimento da ligação, a energia potencial aumenta muito. Veja esta questão.

ENEM 2010 • Usando pressões extremamente altas, equivalentes às encontradas nas profundezas da Terra ou em um planeta gigante, cientistas criaram um novo cristal capaz de armazenar quantidades enormes de energia. Utilizando-se um aparato chamado *bigorna de diamante*, um cristal de difluoreto de xenônio (XeF_2) foi pressionado, gerando um novo cristal com estrutura supercompacta e enorme quantidade de energia acumulada.

Inovação Tecnológica. Disponível em: http://www.inovacaotecnologica.com.br. Acesso em: 07 jul. 2010 (adaptado).

Embora as condições citadas sejam diferentes do cotidiano, o processo de acumulação de energia descrito é análogo ao da energia

A   armazenada em um carrinho de montanha russa durante o trajeto.

B   armazenada na água do reservatório de uma usina hidrelétrica.

C   liberada na queima de um palito de fósforo.

D   gerada nos reatores das usinas nucleares.

E   acumulada em uma mola comprimida.

A resposta, como você percebeu, é a opção **E**: compressão na mola × compressão nas ligações.

10   C

A massa molar do metano, CH_4, é 16 g/mol.

$$16\text{ g} \quad - \quad 890{,}3\text{ kJ}$$
$$10\text{ g} \quad - \quad x$$

x = 556,44 kJ

11   E

Padronizamos para 1 g:

etanol $\dfrac{326,7}{46} = 7{,}10$

metano $\dfrac{212,8}{16} = 13{,}30$

metanol $\dfrac{182,6}{32} = 5{,}71$

carbono $\dfrac{94,07}{12} = 7{,}84$

hidrogênio $\dfrac{68,3}{2} = 34{,}15$

12   C

Esta questão faria muitas vítimas... No entanto, duas *regras de três* a resolvem.

A explosão de 2 mols de nitrato de amônio libera um total de 3 mols de nitrogênio e oxigênio (veja o balanceamento da equação). Nas CNTP, 3 mols × 22,4 L/mol = 67,2 L de gás. Assim:

$$2\text{ mols de }NH_4NO_3 \quad - \quad 67{,}2\text{ L}$$
$$x\text{ mols de }NH_4NO_3 \quad - \quad 168\text{ L}$$

x = 5 mols de NH_4NO_3

Isto nos mostra que no teste explodiram 5 mols de nitrato de amônio, liberando 592,5 kJ. Completando:

$$5\text{ mols de }NH_4NO_3 \quad - \quad 592{,}5\text{ kJ}$$
$$1\text{ mol de }NH_4NO_3 \quad - \quad x$$

x = 118,5 kJ

13   D

I   F   Quanto mais lenta a reação, menor o número de colisões efetivas.

II   V   27 s < 36 s < 45 s

III   F   Reações a frio são, em geral, mais lentas do que reações a quente.

14   A

A opção **A** é quase a definição de catalisador.

15   C

A reação é endotérmica, e o catalisador diminui a energia de ativação.

16   A

A reação é exotérmica.

17   B

A reação com limalha de ferro é mais rápida (maior superfície de contato) e a quantidade de hidrogênio produzida é a mesma (mesma massa de ferro nos dois experimentos).

18   A

Entre 1 e 5 minutos (Δt = 4 min), a concentração cai de 0,900 mol/L para 0,100 mol/L (ΔC = 0,800 mol/L).

$v = \Delta C \div \Delta t = (0{,}8 \div 4)$ mol·L^{-1}·min^{-1} = 0,200 mol·L^{-1}·min^{-1}

19   C

Entre 2 e 10 minutos (Δt = 8 min), o número de mols de N_2 cai de 10 mols para 2 mols, ou seja, $\Delta n(N_2)$ = 8 mols. Como o consumo de H_2 tem que ser o triplo, $\Delta n(H_2)$ = 24 mols. Assim, em termos de volume, ΔV = 24 mols × 22,4 L. Logo, a velocidade em função do volume de H_2 é $v = \Delta V \div \Delta t$ = 24 × 22,4 L ÷ 8 min = 67,2 L/min.

20   E

Observe que catalisador não afeta o rendimento de uma reação, apenas acelera a reação. Vamos analisar todas as armas de que dispomos (**Princípio de Le Chatelier**) para aumentar a produção de C e D, ou seja, deslocar o equilíbrio para a direita.

1ª   Aumentar as concentrações de A e B.

2ª   Como é um equilíbrio gasoso com contração de volume (Δn = −2), se houver um aumento de pressão do sistema, este se deslocará para o menor volume, ou seja, para a direita.

3ª   O aumento da temperatura sempre favorece a reação endotérmica. O enunciado nos informa que a reação no sentido direto é exotérmica. Assim, devemos reduzir a temperatura para favorecer o sentido exotérmico.

21   B

A formação de NO_2 ocorre com consumo de O_2. Logo, a afirmação **B** é falsa. *Conselho de amigo... sempre existe a hipótese de responder corretamente uma questão de* *múltipla escolha por exclusão...*

22   C
Veja no gráfico que o aumento da temperatura não favorece a formação de C. Logo, a formação de C não é endotérmica, e sim exotérmica. Já o aumento da pressão favorece a formação de C. Logo, o sentido direto é o da redução de volume: $x + y > z$.

23   C
A $[I_2]$ no CCl_4 aumentará, uma vez que o iodo (apolar) se dissolve melhor no tetracloreto de carbono (apolar) do que na água (polar). Em contrapartida, a $[I_2]$ na água diminuirá. Quando a razão entre estas concentrações atingir o valor 100, o sistema estará em equilíbrio.

24   E

I   V   O equilíbrio é heterogêneo pela presença de C(s).

II   V   Num sistema gasoso, se $\Delta n = 0$ o equilíbrio não é afetado por variação de pressão.

III   V   O aumento da temperatura sempre favorece a reação endotérmica que, no caso, é a reação $C(s) + H_2O(g) \rightarrow CO(g) + H_2(g)$. Em temperatura baixa, C(s) e $H_2O(v)$ nem sequer reagem de maneira apreciável.

IV   F   O acréscimo de C(s) em nada afeta o equilíbrio. Veja que C(s) não participa da expressão de K_c.

25   D

A   F   Primeiramente, comprove que os números de mols de cada gás são $n(A) = 0,01$ mol, $n(B) = 0,03$ mol, $n(C) = 0,01$ mol, totalizando 0,05 mol. Usando Clapeyron, $p \times 1 = 0,05 \times 0,082 \times 300 \Rightarrow p = 1,23$ atm.

B   F   Pelo gráfico, a reação direta é exotérmica. Logo, o aumento de temperatura favorece a reação inversa. O aumento da pressão favorece a reação de contração volumétrica, que é a direta.

C   F   Catalisadores não afetam rendimento nem são consumidos.

D   V $K_p = \dfrac{pAB}{pA \times pB}$

E   F $K_c = \dfrac{[AB]}{[A] \times [B]}$

26   B
Se o reator é de 10 L, a $[A_2]$ inicial é 0,1 mol/L e a $[B_2]$ inicial é 0,2 mol/L.

	A_2	$+$	B_2	$\rightleftarrows$	$2\,AB$
início	0,1		0,2		0
estequio	x		x		2x
equilíbrio	$0,1 - x$		$0,2 - x$		2x

O enunciado nos informa que 2x = 0,1. Logo, x = 0,05.

Assim, no equilíbrio, $[A_2]$ = 0,05 mol/L, $[B_2]$ = 0,15 mol/L e [AB] = 0,1 mol/L.

$$K_c = \frac{[AB]^2}{[A] \times [B]} = \frac{0,1^2}{0,05 \times 0,15} = 1,33$$

27   C

A   F   O aumento de volume diminui a pressão total, e favorece a reação com expansão de volume, no caso a inversa.

B   F   Se a pressão total aumentar, é favorecida a reação com contração de volume, que no caso é a direta.

C   V   Se o aumento da temperatura diminui Kc, passou-se a reação endotérmica, que é a inversa. Logo, a direta é exotérmica.

D   F   Variação na pressão parcial de um participante do equilíbrio sempre vai alterar o equilíbrio.

E   F   Mais uma vez: catalisadores não afetam rendimento.

28   B

Para A(g) + B(s) $\rightleftarrows$ C(g) + D(g), temos: $K_p = \frac{pC \times pD}{pA}$, $\Delta n = 1$.

Como $K_p = K_c \times (R \times T)^{\Delta n}$ = Kp = 49 × 0,082 × 400 atm = 1607,2 atm $\cong$ 1,6 × 10^3 atm.

8...Equilíbrio Iônico

1   B

A força de um ácido está diretamente ligada ao seu grau de ionização, usualmente identificado por α: ácidos fortes ionizam muito, ácidos fracos ionizam pouco. Costuma-se adotar: ácidos fortes, $\alpha > 50\%$; ácidos moderados, $5\% \leq \alpha \leq 50\%$; e ácidos fracos, $\alpha < 5\%$.

2   C

I   V   O aquecimento da água diminui a solubilidade dos gases: haverá menos O_2 disponível.

II   F   Nem a 100 °C isto ocorre.

III   F CO_2(aq) + $H_2O(\ell)$ $\rightleftarrows$ H^+(aq) + HCO_3^-(aq). Aumento da acidez, diminuição do pH.

IV   F   O aquecimento decompõe a água oxigenada, não a forma.

V   F   Não vamos ter peixe cozido...

3   A

O desejável é deslocar o equilíbrio para a direita, aumentando a [HCℓO]. Isto pode ser feito acidificando o meio, provocando o consumo de OH⁻(aq) pela reação de neutralização

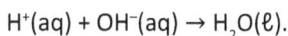

$H^+(aq) + OH^-(aq) \rightarrow H_2O(\ell)$.

4   A

Interessante questão que cobra pH e hidrólise salina. A informação II se explica pelo fato de que Na^+ não sofre hidrólise (cátion de base forte) nem NO_3^- (ânion de ácido forte). Assim, uma solução de $NaNO_3(aq)$ não tem influência sobre o pH. A informação III se explica pelo fato de que Ca^{2+} não sofre hidrólise (cátion de base forte), mas CO_3^{2-} (ânion de ácido fraco) sofre: $CO_3^{2-} + H_2O \rightleftarrows HCO_3^- + OH^-$, aumentando a basicidade do meio. Resumindo as informações: meios ácidos geram flores azuis, meios básicos geram flores rosadas. Não há hortênsias brancas, nem em pH = 7.

A opção **B** é FALSA uma vez que Na^+ não sofre hidrólise (cátion de base forte) nem $C\ell^-$ (ânion de ácido forte). Assim, uma solução de $NaC\ell(aq)$ não tem influência sobre o pH.

A opção **C** é FALSA uma vez que Na^+ não sofre hidrólise (cátion de base forte), mas HCO_3^- (ânion de ácido fraco) sofre: $HCO_3^- + H_2O \rightleftarrows H_2CO_3 + OH^-$, aumentando a basicidade do meio.

5   D

Opção **A** falsa. Se pH = 12, então $[H^+] = 10^{-12}$ e $[OH^-] = 10^{-2}$. Assim, $[H^+] / [OH^-] = 10^{-10}$.

Opção **B** falsa. Quanto maior o Ka, mais forte o ácido.

Opção **C** falsa. $[OH^-] = 10^{-4}$, pOH = 4, pH = 10.

Opção **D** VERDADEIRA. A constante Kw, como qualquer constante de equilíbrio, varia com a temperatura. A 60 °C, $Kw = 10^{-13}$. Entenda: neutralidade não é pH = 7, e sim $[H^+] = [OH^-]$. Você saberia provar que, a 60 °C, pH = pOH = 6,5, e o meio é NEUTRO?

Opção **E** falsa. É muito fácil ver que 5,6 g de KOH por litro de solução corresponde a 0,1 mol/L. Assim, $[OH^-] = 10^{-1}$, pOH = 1, pH = 13.

6   C

I	V	A adição de $HC\ell$ aumenta a $[H^+]$, deslocando o equilíbrio para a direita. Coloração alaranjada.
II	F	A adição de NaOH consome íons H^+, deslocando o equilíbrio para a esquerda. Coloração amarela.
III	V	O $HC\ell$ adicionado gera íon H^+, que é íon comum com os H^+ já existentes. $[H^+]$ aumenta, deslocando o equilíbrio para a direita. Coloração alaranjada.
IV	F	A adição de $K_2Cr_2O_7$ aumenta a $[Cr_2O_7^{2-}]$, deslocando o equilíbrio para a esquerda. Coloração amarela.

7   A

A reação do sódio metálico com a água chega a ser perigosa, uma vez que o hidrogênio formado na reação $Na + H_2O \rightarrow NaOH + \frac{1}{2} H_2$ pode reagir violentamente com o oxigênio atmoférico, provocando explosão. Veja um excelente vídeo (e você nunca mais esquecerá disto) em *https://www.youtube.com/watch?v=CywV5bCZ4to*. Observou a coloração da fenolftaleína? Em meio básico, vermelha.

8   D

Se a solubilidade do $Mg(OH)_2$ é $1,5 \times 10^{-4}$ mol/L, a $[OH^-]$ é 3×10^{-4} mol/L. Assim, o pOH é $4 - \log 3$, e o pH é $10 + \log 3$. Logo, entre 10 e 11. Na verdade, 10,48.

9   E

O equilíbrio é $CH_3COOH(aq) \rightleftarrows H^+(aq) + CH_3COO^-(aq)$. Se pH = 3, então $[H^+] = 10^{-3}$, e $[CH_3COO^-] = 10^{-3}$. Calculamos $[CH_3COOH]$ pelo Ka:

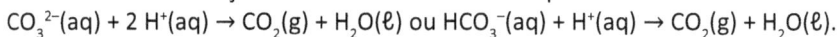

$$Ka = \frac{\left[H^+\right] \times \left[CH_3COO^-\right]}{[CH_3COOH]} = \frac{10^{-3} \times 10^{-3}}{[CH_3COOH]} = 1,8 \times 10^{-5} \Rightarrow [CH_3COOH] = 5,56 \times 10^{-2}$$

10   E

A opção **B** falharia para uma solução ácida de pH = 5, por exemplo. A literatura nos informa que abaixo de pH 3,1 o indicador está amarelo, e em pH acima de 4,4 está vermelho. A opção **C** não nos serve, uma vez que soluções básicas também são condutoras. O tradicional é o acréscimo de um carbonato ou de um bicarbonato, que libera $CO_2(g)$ quando em meio ácido. A reação de efervescência assim se passa:
$CO_3^{2-}(aq) + 2 H^+(aq) \rightarrow CO_2(g) + H_2O(\ell)$ ou $HCO_3^-(aq) + H^+(aq) \rightarrow CO_2(g) + H_2O(\ell)$.
Se você tiver bicarbonato de sódio em casa (é comum ter, pergunte; qualquer coisa, vende em farmácia e é barato), pingue suco de limão ou vinagre sobre ele e veja você mesmo a efervescência.

11   B

A dissolução do Na_2CO_3 em água gera dois íons: $Na^+(aq)$ e $CO_3^{2-}(aq)$. Na^+ não sofre hidrólise (cátion de base forte), mas CO_3^{2-} sofre, é ânion de ácido fraco:
$CO_3^{2-}(aq) + H_2O(\ell) \rightleftarrows HCO_3^-(aq) + OH^-(aq)$. Assim, o meio fica básico, pH > 7.

12   B

Ao se passar o volume de 50 mL para 500 mL, este se tornou 10 vezes maior. Assim, a $[H^+]$, que era 10^{-1} mol/L (pH = 1), se tornou 10 vezes menor, ou seja 10^{-2} mol/L (pH =2).

13   B

Se o pH da solução é 2, então a $[H^+] = 10^{-2}$ mol/L. Se desejamos a massa em gramas, necessitamos do volume em litros: 0,1 L. A reação é $Zn + 2 HC\ell \rightarrow ZnC\ell_2 + H_2$. Logo:

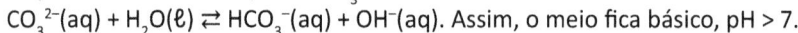

$$\frac{n(HC\ell)}{2} = n(ZnC\ell_2) \Rightarrow \frac{V \times M}{2} = \frac{m}{MM} \Rightarrow \frac{0,1 \times 10^{-2}}{2} = \frac{m}{136} \Rightarrow m = 6,8 \times 10^{-2} \text{ g}$$

14   C

Antes de qualquer outra coisa, assista no Yutube um experimento muito semelhante ao citado na questão: https://www.youtube.com/watch?v=n9BmeBi3r_o. Se uma imagem vale mais do que mil palavras, imagine um vídeo...
A resposta se torna imediata: extração, decantação e indicador ácido-base.

15   C

Se pH = 4, então $[H^+] = 10^{-4}$. H_3O^+ é uma forma de se escrever $H^+(aq)$.

16   C

Se pH = 10, então $[H^+]$ = 10^{-10}. H_3O^+ é uma forma de se escrever $H^+(aq)$.

17   E

K_{ps} (AgCℓ) = $[Ag^+] \times [Cℓ^-]$ = $1,8 \times 10^{-10}$. Como a $[Cℓ^-]$ devida ao KCℓ é 10^{-3} mol/L, então $[Ag^+]$ = $1,8 \times 10^{-7}$ mol/L.

18   A

Se no tubo I apareceu coloração vermelha, a solução do tubo I é básica. Sobre II e III nada podemos afirmar.

19   C

$Ca(OH)_2$ é um hidróxido, ou seja uma base. Seu acréscimo ao solo diminui a acidez (aumenta o pH), ou seja, aumenta a basicidade (diminui o pOH).

20   E

A equação de dissolução do iodeto de chumbo é $PbI_2(s) \rightleftarrows Pb^{2+}(aq) + 2\ I^-(aq)$. Logo, a expressão de K_{ps} é $[Pb^{2+}] \times [I^-]^2$. Se $[Pb^{2+}]$ = $1,3 \times 10^{-3}$ mol/L, $[I^-]$ = $2,6 \times 10^{-3}$ mol/L. Assim, K_{ps} = $1,3 \times 10^{-3} \times (2,6 \times 10^{-3})^2$ = $8,788 \times 10^{-9}$.

21   C

Se a barita é $BaSO_4$, seu K_{ps} é $[Ba^{2+}] \times [SO_4^{2-}]$ = 10^{-10}. Como $[Ba^{2+}]$ = $[SO_4^{2-}]$ = M, então M^2 = 10^{-10}, M = 10^{-5} mol/L.

22   D

Se a molaridade da solução de $Mg(NO_3)_2$ é 0,1 mol/L, então $[Mg^{2+}]$ = 10^{-1}. O Kps do $Mg(OH)_2$ é $[Mg^{2+}] \times [OH^-]^2$ = 10^{-11}. Assim, $[OH^-]^2$ = 10^{-10}, $[OH]^-$ = 10^{-5}, pOH = 5, pH = 9.

23   C

Se $[H^+]$ = $a \times 10^{-x}$, pH = x – log a. Podemos escrever 2,3 = 3 – 0,7, e identificar que 0,7 é o log 5 (1 – log 2). Assim, $[H^+]$ = 5×10^{-3} = 0,005.

Eletroquímica

1   C

As equações I, III e IV (obviamente) representam reações redox, uma vez que delas participam substâncias simples (nox = 0). As equações II e V não correspondem a reações redox: Confira TODOS os nox nelas como exercício.

2   B

A equação pode ser escrita em forma iônica, retirando-se o íon $K^+(aq)$, que é íon espectador: $2\ I^-(aq) + Cℓ_2(g) \rightarrow 2\ Cℓ^-(aq) + I_2(s)$. Assim, vemos que o iodeto, I^-, é oxidado a I_2 pelo cloro, $Cℓ_2$, que se reduz a $Cℓ^-$.

3   E

A etapa inicial, de oxidação do cobre, é bem conhecida: ataque do ácido nítrico ao cobre:

$3\ Cu + 8\ HNO_3 \rightarrow 3\ Cu(NO_3)_2 + 2\ NO + 4\ H_2O$. Assim, $X = HNO_3$ e $Y = NO_3^-$.
A segunda etapa é a precipitação do $Cu^{2+}(aq)$ como $Cu(OH)_2$, hidróxido insolúvel:
$Cu(NO_3)_2(aq) + 2\ NaOH(aq) \rightarrow Cu(OH)_2(s) + 2\ NaNO_3(aq)$.
Na terceira etapa temos uma reação ácido-base, que novamente solubiliza o $Cu^{2+}(aq)$:
$Cu(OH)_2(s) + H_2SO_4 \rightarrow CuSO_4(aq) + 2\ H_2O$.
Na quarta etapa o Cu^{2+} é reduzido a Cu^0 enquanto o Zn se oxida de Zn^0 a Zn^{2+}:
$Cu^{2+}(aq) + Zn^0 \rightarrow Zn^{2+}(aq) + Cu^0$. Assim, $Z = Zn$.

4   A
O poder oxidante dos halogênios segue a ordem das eletronegatividades:
$$F_2 > C\ell_2 > Br_2 > I_2.$$

5   D
O radical amônio, NH_4^+, tem carga +1; assim o nitrogênio tem nox –3, e é oxidado a N_2 (nox 0). Já no radical dicromato, $Cr_2O_7^{2-}$, o cromo tem nox +6 e é reduzido a +3, no Cr_2O_3. Você pode ver esta reação em *https://www.youtube.com/watch?v=Ko13OeP3ZmU*.

6   B
O níquel sofre oxidação de 0 a +2 em **I**, e de +2 a +3 em **III**. Em **II** não sofre alteração (é o enxofre que se oxida de –2 a +6), e em **IV** sofre redução de +3 a +2.

7   B
O estanho sofre oxidação de +2 a +4, e o oxigênio sofre redução de –1 a –2. Aproveite para balancear a equação, confira: $1\ SnC\ell_2 + 2\ HC\ell + 1\ H_2O_2 \rightarrow 1\ SnC\ell_4 + 2\ H_2O$.

8   B
Este balanceamento pode ter atrapalhado você. Vamos ver passo a passo.
$$... NaIO_3 + ... SO_2 + ... H_2O \rightarrow ... Na_2SO_4 + ... H_2SO_4 + ... I_2$$
Observe que o iodo varia de +5 para 0, logo 10 elétrons envolvidos para 2 átomos de I. E o enxofre varia de +4 para +6, 2 elétrons envolvidos por átomo de enxofre. Trabalharemos com 1 para o I_2, 2 para o $NaIO_3$, 5 para para o SO_2 e um total de 5 átomos de enxofre no segundo membro. Mas onde? Por enquanto em lugar nenhum. Vamos?
$$2\ NaIO_3 + 5\ SO_2 + ... H_2O \rightarrow ... Na_2SO_4 + ... H_2SO_4 + 1\ I_2$$
Aqui o detahe: já podemos balancear o sódio.
$$2\ NaIO_3 + 5\ SO_2 + ... H_2O \rightarrow 1\ Na_2SO_4 + ... H_2SO_4 + 1\ I_2$$
O que nos leva a 4 para o H_2SO_4.
$$2\ NaIO_3 + 5\ SO_2 + ... H_2O \rightarrow 1\ Na_2SO_4 + 4\ H_2SO_4 + 1\ I_2$$
Fechamos com a água.
$$2\ NaIO_3 + 5\ SO_2 + 4\ H_2O \rightarrow 1\ Na_2SO_4 + 4\ H_2SO_4 + 1\ I_2$$
Confira 20 átomos de oxigênio em cada membro.

9   C
$$... NaHSO_4 + ... A\ell + ... NaOH \rightarrow ... Na_2S + ... A\ell_2O_3 + ... H_2O$$
O enxofre se reduz de +6 a –2: 8 elétrons por átomo de enxofre. O alumínio se oxida de 0 a +3: 6 elétrons para 2 átomos de alumínio. Usaremos 3 para o $NaHSO_4$, 3 para o Na_2S, 8

para o $A\ell$ e 4 para o $A\ell_2O_3$.

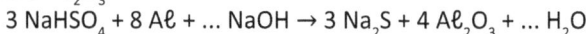

$$3\ NaHSO_4 + 8\ A\ell + ...\ NaOH \rightarrow 3\ Na_2S + 4\ A\ell_2O_3 + ...\ H_2O$$

Balanceamos o sódio.

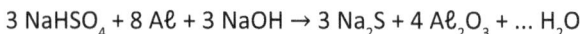

$$3\ NaHSO_4 + 8\ A\ell + 3\ NaOH \rightarrow 3\ Na_2S + 4\ A\ell_2O_3 + ...\ H_2O$$

E a água.

$$3\ NaHSO_4 + 8\ A\ell + 3\ NaOH \rightarrow 3\ Na_2S + 4\ A\ell_2O_3 + 3\ H_2O$$

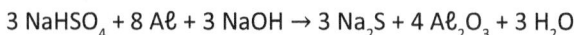

Confira 15 átomos de oxigênio para cada membro.

10   C

Uma equação iônica de redox? Nada a temer, basta balancearmos mais um *elemento*... as cargas elétricas.

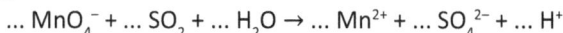

$$...\ MnO_4^- + ...\ SO_2 + ...\ H_2O \rightarrow ...\ Mn^{2+} + ...\ SO_4^{2-} + ...\ H^+$$

O manganês se reduz de +7 a +2: 5 elétrons por átomo de manganês. O enxofre se oxida de +4 a +6. Usaremos 2 para para o MnO_4^-, 5 para o SO_2, 2 para o Mn^{2+} e 5 para o SO_4^{2-}.

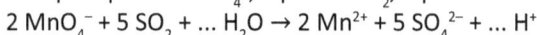

$$2\ MnO_4^- + 5\ SO_2 + ...\ H_2O \rightarrow 2\ Mn^{2+} + 5\ SO_4^{2-} + ...\ H^+$$

Temos um total de duas cargas negativas no primeiro membro e, por enquanto, no segundo membro, $+4 - 10 = -6$. Procedemos ao acerto: 4 para o H^+.

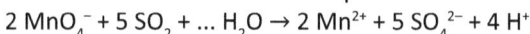

$$2\ MnO_4^- + 5\ SO_2 + ...\ H_2O \rightarrow 2\ Mn^{2+} + 5\ SO_4^{2-} + 4\ H^+$$

Finalmente a água.

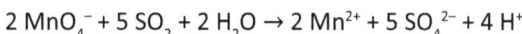

$$2\ MnO_4^- + 5\ SO_2 + 2\ H_2O \rightarrow 2\ Mn^{2+} + 5\ SO_4^{2-} + 4\ H^+$$

Confira 20 átomos de oxigênio em cada membro.

11   A

Este balanceamento tem um aspecto tão fácil... hashtag #sqn.

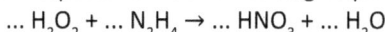

$$...\ H_2O_2 + ...\ N_2H_4 \rightarrow ...\ HNO_3 + ...\ H_2O$$

O oxigênio se reduz de -1 a -2, 1 elétron por átomo de oxigênio, 2 elétrons por dois átomos de oxigênio. O nitrogênio se oxida de -2 a $+5$, 7 elétrons por átomo de nitrogênio, 14 elétrons para 2 átomos de nitrogênio. Trabalharemos com 7 para para H_2O_2 e 1 para N_2H_4, o que nos leva a 2 para HNO_3.

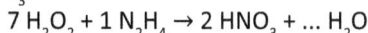

$$7\ H_2O_2 + 1\ N_2H_4 \rightarrow 2\ HNO_3 + ...\ H_2O$$

Como há 18 átomos de hidrogênio no primeiro membro, o coeficiente da água é 8.

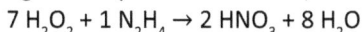

$$7\ H_2O_2 + 1\ N_2H_4 \rightarrow 2\ HNO_3 + 8\ H_2O$$

Assim, a estequiometria nos mostra:

$$\frac{n(H_2O_2)}{7} = n(N_2H_4) = \frac{m}{MM}(N_2H_4) \Rightarrow n(H_2O_2) = 7 \times \frac{220}{32} = 48,125\ mol$$

12   E

$$...\ H_2S + ...\ Br_2 + ...\ H_2O \rightarrow ...\ H_2SO_4 + ...\ HBr$$

O enxofre se oxida de -2 a $+6$, assim H_2S é o agente redutor. 8 elétrons por átomo de enxofre. O bromo se reduz de 0 a -1, assim Br_2 é o agente oxidante. 1 elétron por átomo de bromo, 2 elétrons para 2 átomos de bromo. Usaremos 4 para Br_2, 8 para HBr, e 1 tanto para H_2S quanto para H_2SO_4.

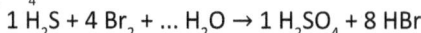

$$1\ H_2S + 4\ Br_2 + ...\ H_2O \rightarrow 1\ H_2SO_4 + 8\ HBr$$

Muito fácil de ver que o coeficiente para a água é 4.

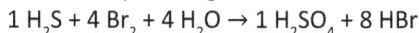

$$1\ H_2S + 4\ Br_2 + 4\ H_2O \rightarrow 1\ H_2SO_4 + 8\ HBr$$

13   E

$$... Zn + ...\ K_2Cr_2O_7 + ...\ H_2SO_4 \rightarrow ...\ H_2O + ...\ K_2SO_4 + ...\ ZnSO_4 + ...\ CrSO_4$$

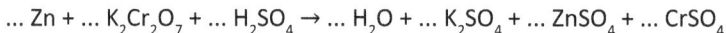

O zinco se oxida, de 0 a +2, 2 elétrons por átomo de zinco. O cromo se reduz de +6 a +2, 4 elétrons por átomo de cromo, 8 elétrons para 2 átomos de cromo. Trabalharemos com 4 para Zn e para $ZnSO_4$, 1 para $K_2Cr_2O_7$ e 2 para $CrSO_4$.

$$4\ Zn + 1\ K_2Cr_2O_7 + ...\ H_2SO_4 \rightarrow ...\ H_2O + ...\ K_2SO_4 + 4\ ZnSO_4 + 2\ CrSO_4$$

Balanceamos o potássio.

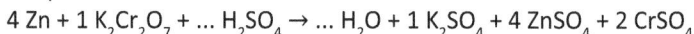

$$4\ Zn + 1\ K_2Cr_2O_7 + ...\ H_2SO_4 \rightarrow ...\ H_2O + 1\ K_2SO_4 + 4\ ZnSO_4 + 2\ CrSO_4$$

Balanceamos o enxofre.

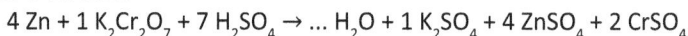

$$4\ Zn + 1\ K_2Cr_2O_7 + 7\ H_2SO_4 \rightarrow ...\ H_2O + 1\ K_2SO_4 + 4\ ZnSO_4 + 2\ CrSO_4$$

Finalmente, a água.

$$4\ Zn + 1\ K_2Cr_2O_7 + 7\ H_2SO_4 \rightarrow 7\ H_2O + 1\ K_2SO_4 + 4\ ZnSO_4 + 2\ CrSO_4$$

Confira 35 átomos de oxigênio em cada membro.

14   C

Esta reação de autorredox (um só elemento se oxida e se reduz) é um clássico, que você deve conhecer.

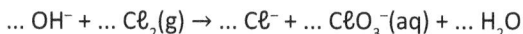

$$... OH^- + ...\ C\ell_2(g) \rightarrow ...\ C\ell^- + ...\ C\ell O_3^-(aq) + ...\ H_2O$$

O cloro que se reduz cai de 0 para -1 (1 elétron por átomo de cloro), e o cloro que se oxida vai de 0 para +5 (5 elétrons por átomo de cloro). Assim, usaremos 5 para $C\ell^-$, 1 para $C\ell O_3^-$ e balancearemos o cloro no primeiro membro.

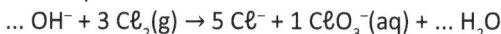

$$... OH^- + 3\ C\ell_2(g) \rightarrow 5\ C\ell^- + 1\ C\ell O_3^-(aq) + ...\ H_2O$$

Observe que há 6 cargas negativas no segundo membro. Logo 6 OH^- no primeiro membro e 3 para a água.

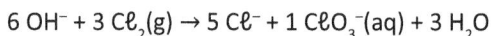

$$6\ OH^- + 3\ C\ell_2(g) \rightarrow 5\ C\ell^- + 1\ C\ell O_3^-(aq) + 3\ H_2O$$

Confira 6 átomos de oxigênio em cada membro. Passamos à estequiometria. Veja no enunciado: ... *todo hidróxido de sódio foi consumido, e que na solução resultante foram formados 2,5 mol de cloreto de sódio.* A relação estequiométrica é 6 NaOH para 5 NaCℓ. Assim:

$$\frac{n(NaOH)}{6} = \frac{n(NaC\ell)}{5} \Rightarrow \frac{n(NaOH)}{6} = \frac{2,5}{5} \Rightarrow n(NaOH) = 3,0\ mol$$

Como foi usado 1,0 L de solução de NaOH, a concentração da solução era de 3,0 mol/L.

15   A

A técnica que vamos usar é conhecida como *balanceamento em cascata*, e consiste em balancear ambas as equações e somá-las, cancelando os termos comuns ao primeiro e segundo membro. A primeira equação assim se balanceia:

$$... MnO_2 + ...\ KOH + ...\ O_2 \rightarrow ...\ K_2MnO_4 + ...\ H_2O$$

O manganês se oxida de +4 a +6, 2 elétrons por átomo de manganês. O oxigênio se reduz de 0 a -2, 2 elétrons por átomo de oxigênio, 4 elétrons por molécula de O_2. Usaremos 2

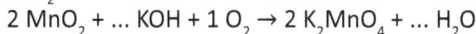

para o MnO_2, e 1 para o O_2:
$$2\ MnO_2 + ...\ KOH + 1\ O_2 \to 2\ K_2MnO_4 + ...\ H_2O$$
Acertamos o potássio e o hidrogênio:
$$2\ MnO_2 + 4\ KOH + 1\ O_2 \to 2\ K_2MnO_4 + 2\ H_2O$$
Confira 10 átomos de oxigênio em cada membro. Agora, a segunda equação:
$$...\ K_2MnO_4 + ...\ C\ell_2 \to ...\ KMnO_4 + ...\ KC\ell$$
O manganês se oxida de +6 a +7, 1 elétron por átomo de manganês. O cloro se reduz de 0 a −1, 1 elétron por átomo de cloro, 2 elétrons para $C\ell_2$. Assim:
$$2\ K_2MnO_4 + 1\ C\ell_2 \to 2\ KMnO_4 + 2\ KC\ell$$
Confira 8 átomos de oxigênio em cada membro.
Somamos então as duas equações, cancelando K_2MnO_4:

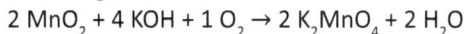

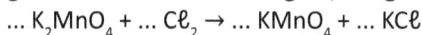

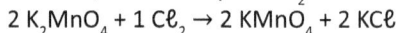

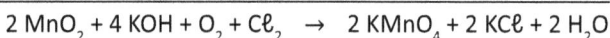

$$2\ MnO_2 + 4\ KOH + O_2 \to 2\ K_2MnO_4 + 2\ H_2O$$
$$\underline{2\ K_2MnO_4 + C\ell_2 \to 2\ KMnO_4 + 2\ KC\ell}$$
$$2\ MnO_2 + 4\ KOH + O_2 + C\ell_2 \to 2\ KMnO_4 + 2\ KC\ell + 2\ H_2O$$

Passamos à estequiometria:
$$\frac{n(MnO_2)}{2} = n(C\ell_2) \Rightarrow \frac{m}{2\times MM}(MnO_2) = \frac{m}{MM}(C\ell_2) \Rightarrow \frac{10}{2\times 87} = \frac{m}{71} \Rightarrow m = 4,08\ g \cong 4,1\ g$$

Vamos agora às questões de Eletrólise, que atrapalham muita gente... Representaremos em todas as questões as equações completas.

16   C
Na eletrólise aquosa, os cátions que não se descarregam são os alcalinos, os alcalino-terrosos e o alumínio. Assim, $Zn^{2+}(aq)$ vai se descarregar no catodo. Os ânions que não se descarregam são os ânions dos ácidos oxigenados fortes e o fluoreto (F^-). Assim, o ânion SO_4^{2-} não descarrega, quem se descarrega no anodo é a água.

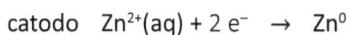

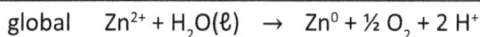

catodo $Zn^{2+}(aq) + 2\ e^- \to Zn^0$
anodo $H_2O(\ell) \to \frac{1}{2}O_2(g) + 2\ H^+(aq) + 2\ e^-$
global $Zn^{2+} + H_2O(\ell) \to Zn^0 + \frac{1}{2}O_2 + 2\ H^+$

Calculamos a massa de zinco, lembrando que 96500 C é a carga de 1 mol de elétrons, e carga em coulombs se calcula por $q = i \times t$, com i em ampères e t em segundos.

2 mols de elétrons	–	1 mol de Zn
2×96500 C	–	65,4 g
$6 \times 3,5 \times 3600$ C	–	m

m = 25,62 g

17   C
Se fosse apenas a eletrólise de uma solução aquosa de NaOH, teríamos respectivamente a descarga da água (Na^+ não descarrega) e do ânion OH^-:

$$\begin{array}{ll}
\text{catodo} & 2\,H_2O\,(\ell) + 2\,e^- \;\rightarrow\; H_2(g) + 2\,OH^-(aq) \\
\text{anodo} & \underline{\qquad 2\,OH^-(aq) \;\rightarrow\; H_2O(g) + \tfrac{1}{2}\,O_2 + 2\,e^-} \\
\text{global} & H_2O\,(\ell) \;\rightarrow\; H_2(g) + \tfrac{1}{2}\,O_2
\end{array}$$

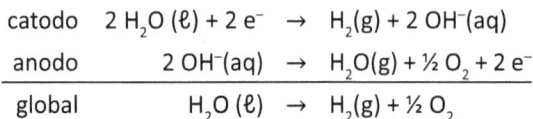

Perceba que a eletrólise de uma solução aquosa de NaOH corresponde, em última análise, à eletrólise da água. Mas... a moeda de cobre é um eletrodo ativo, e em sua superfície ocorre Cu^{2+}(moeda) + 2 e^- → Cu^0, e a superfície da moeda fica *limpa*. O eletrodo de grafite é *inerte*.

18   C
Podemos escrever $Na^+ + e^- \rightarrow Na^0$ e $C\ell^- \rightarrow \tfrac{1}{2}\,C\ell_2 + e^-$. Assim, cada cátion sódio recebe um elétron, e cada ânion cloreto perde um elétron.

19   A
Como nem $Na^+(aq)$ nem $SO_4^{2-}(aq)$ sofrem descarga, teremos em ambos os polos a descarga da água. Catodo é o polo negativo, onde ocorre redução. Assim, teremos a redução da água a $H_2(g)$: $2\,H_2O(\ell) + 2\,e^- \rightarrow H_2(g) + 2\,OH^-(aq)$. A formação de $OH^-(aq)$ torna o meio básico, alterando a cor da fenolftaleína para o vermelho característico. Anodo é o polo positivo, onde ocorre oxidação. Assim, teremos a oxidação da água a $O_2(g)$: $H_2O(\ell) \rightarrow \tfrac{1}{2}\,O_2 + 2\,H^+(aq) + 2\,e^-$. A formação de $H^+(aq)$ torna o meio ácido, e não altera a cor da fenolftaleína, que permanece transparente incolor. A reação global pode ser escrita $H_2O(\ell) \rightarrow H_2(g) + \tfrac{1}{2}\,O_2(g)$.

20   A
A equação de deposição do cobre é $Cu^{2+}(aq) + 2\,e^- \rightarrow Cu^0$. Assim, 2 mols de elétrons depositam 1 mol de cobre. Lembrando: $q = i \times t$, q em coulombs, i em amperes e t em segundos.

2 mols de elétrons	–	1 mol de Cu
2×96500 C	–	63,5 g
$3 \times 10 \times 60$ C	–	m

m = 0,592 g

E agora, as questões de Pilhas, que também atrapalham muita gente...

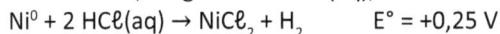

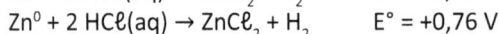

21   D
Níquel e zinco apresentam potencial de redução negativo, logo potencial de oxidação positivo. Assim, reagem com $HC\ell(aq)$, liberando $H_2(g)$.
$Ni^0 + 2\,HC\ell(aq) \rightarrow NiC\ell_2 + H_2 \qquad E° = +0,25$ V
$Zn^0 + 2\,HC\ell(aq) \rightarrow ZnC\ell_2 + H_2 \qquad E° = +0,76$ V
O cobre, que apresenta potencial de redução positivo, logo potencial de oxidação negativo, não reage com $HC\ell$: $Cu^0 + HC\ell(aq) \rightarrow$ não reage.

22   E
Naturalmente a primeira equação tem que ser invertida para o obtenção de uma pilha

(reação espontânea). Logo:

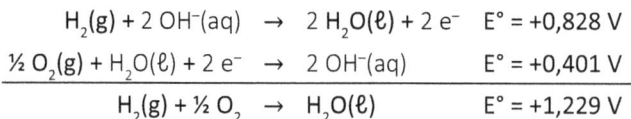

$$H_2(g) + 2\,OH^-(aq) \rightarrow 2\,H_2O(\ell) + 2\,e^- \quad E° = +0,828\,V$$

$$\frac{\text{½}\,O_2(g) + H_2O(\ell) + 2\,e^- \rightarrow 2\,OH^-(aq) \qquad\qquad E° = +0,401\,V}{}$$

$$H_2(g) + \text{½}\,O_2 \rightarrow H_2O(\ell) \qquad\qquad E° = +1,229\,V$$

Observe que a equação global é a combustão do hidrogênio, e que todas as afirmações estão **CORRETAS**.

23   C

Para descobrir anodo e catodo, meus alunos sempre acham divertido o mnemônico **P Ã O**, significando que nas **P**ilhas o **A**nodo é onde ocorre **O**xidação, sendo o polo negativo (–)... Reparou no sinal de – sobre o A, como se fosse um til ($\tilde{A}$)?

Semirreações da pilha:

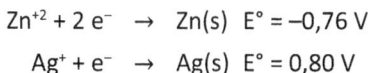

$$Zn^{+2} + 2\,e^- \rightarrow Zn(s) \quad E° = -0,76\,V$$

$$Ag^+ + e^- \rightarrow Ag(s) \quad E° = 0,80\,V$$

É claro que devemos inverter a primeira equação e multiplicar a segunda por 2, e então somá-las, para cancelar os elétrons:

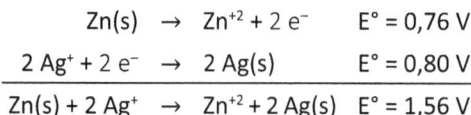

$$Zn(s) \rightarrow Zn^{+2} + 2\,e^- \qquad E° = 0,76\,V$$

$$\frac{2\,Ag^+ + 2\,e^- \rightarrow 2\,Ag(s) \qquad E° = 0,80\,V}{}$$

$$Zn(s) + 2\,Ag^+ \rightarrow Zn^{+2} + 2\,Ag(s) \quad E° = 1,56\,V$$

Vemos então que o zinco se oxida, logo é o anodo (polo negativo); a prata se reduz, logo é o catodo (polo positivo); e que o potencial padrão da pilha é 1,56 V.

24   C

Entre as semirreações de potencial de redução negativo, escolhemos a de maior módulo, ou seja, a equação **3**. Entre as de potencial de redução positivo, também escolhemos a de maior módulo, ou seja, a equação **2**. Será formada uma pilha de potencial 2,50 V.

25   C

As semirreações fornecidas foram:

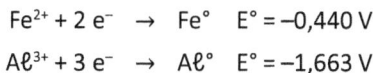

$$Fe^{2+} + 2\,e^- \rightarrow Fe° \quad E° = -0,440\,V$$

$$A\ell^{3+} + 3\,e^- \rightarrow A\ell° \quad E° = -1,663\,V$$

Para formar uma pilha, devemos multiplicar a primeira equação por 3, inverter a segunda multiplicada por 2 e somá-las para cancelar os elétrons. Assim:

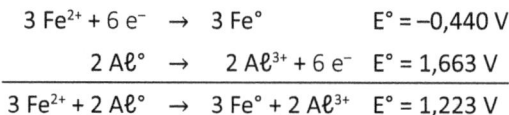

$$3\,Fe^{2+} + 6\,e^- \rightarrow 3\,Fe° \qquad\qquad E° = -0,440\,V$$

$$\frac{2\,A\ell° \rightarrow 2\,A\ell^{3+} + 6\,e^- \quad E° = 1,663\,V}{}$$

$$3\,Fe^{2+} + 2\,A\ell° \rightarrow 3\,Fe° + 2\,A\ell^{3+} \quad E° = 1,223\,V$$

Assim, verificamos que a esquadria de alumínio será corroída, com a formação de uma pilha de 1,223 V de potencial, onde o alumínio será o anodo, polo negativo da pilha.

26   C

SIM, A EQUAÇÃO DE NERNST ESTÁ NO EDITAL, E CLARO QUE PODE SER PEDIDA! $\quad E = E^0 - \dfrac{0,0592}{n} \times \log Q$

Na equação de Nernst, temos: **E** = potencial fora das condições padrão; **E°** = potencial nas condições padrão; **n** = número de elétrons envolvidos na equação da pilha; **Q** = expressão semelhante à constante de equilíbrio, mas na situação em que calculamos **E**. A constante **0,0592** está adaptada para 25 °C, 1 atm e uso de logaritmos decimais. Temos **E°** = 0,46 V; **[Ag⁺]** = $1,0 \times 10^{-3}$ mol·L⁻¹; **[Cu²⁺]** = $1,0 \times 10^{-4}$ mol·L⁻¹; e a equação 2 Ag⁺(aq) + Cu(s) → 2 Ag(s) + Cu²⁺(aq) nos mostra que **n = 2**. Calculamos o valor de **Q** e de **log Q**:

$$Q = \frac{\left[Cu^{2+} \right]}{\left[Ag^+ \right]^2} = \frac{1,0 \times 10^{-4}}{\left(1,0 \times 10^{-3} \right)^2} = 10^2 \Rightarrow \log Q = 2 \Rightarrow E = 0,46 - \frac{0,0592}{2} \times 2 \cong 0,40 \text{ V}$$

27   E

Observe o enunciado: *As equações das reações que se passam nesta pilha são...* Na primeira reação o zinco passa de 0 para +2, se oxida: Zn(s) → Zn⁺² + 2 e⁻. Na segunda reação o zinco não varia, mas o manganês passa de +4 para +3, se reduz: 2 MnO₂(s) + Zn⁺² + 2e⁻ → ZnMn₂O₄(s). As duas equações se compõem, fornecendo a equação global da pilha (espécies em tipologia light se cancelam):

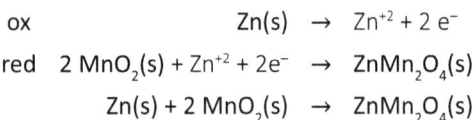

$$\text{ox} \qquad Zn(s) \rightarrow Zn^{+2} + 2\ e^-$$
$$\text{red} \quad 2\ MnO_2(s) + Zn^{+2} + 2e^- \rightarrow ZnMn_2O_4(s)$$
$$Zn(s) + 2\ MnO_2(s) \rightarrow ZnMn_2O_4(s)$$

O eletrodo central de grafite (C_n) não reage, é um eletrodo inerte. Lembre sempre que grafite é condutor.

10...Radioatividade

1   C

Uma das provas mais evidentes de que a radioatividade não é um fenômeno químico é o fato de aumento ou diminuição de temperatura não afetarem a velocidade de desintegração.

2   A

A partícula X é o nêutron, observe:

$$^{27}_{13}A\ell + \,^4_2\alpha \rightarrow \,^{30}_{15}P + \,^1_0n$$

O ³⁰P é um emissor de pósitron. Veja como ocorre a transformação em ³⁰Si.

$$^{30}_{15}P \rightarrow \,^0_{+1}\beta + \,^{30}_{14}Si$$

3   A

Deutério e trítio são os isótopos mais raros do hidrogênio. O isótopo mais comum, ¹H, é chamado de prótio. A reação de fusão nuclear citada gera hélio e um nêutron:

$$_1^2H + _1^3H \rightarrow _2^4He + _0^1n$$

4   D

As reações de fusão nuclear que ocorrem no Sol vão desde o hidrogênio ($Z = 1$) até o oxigênio ($Z = 8$). Nas estrelas mais pesadas vão até o ferro ($Z = 26$). Assim, no Sol não encontraremos o cloro ($Z = 17$).

5   B

No gráfico apresentado descobrimos a meia-vida do ^{223}Ra. Observe que a atividade (%) se reduz de 100% a 50% em 11 dias, e de 50% a 25% nos mesmos 11 dias. Assim, a meia-vida, simbolizada por $t_{1/2}$, é 11 dias. Usaremos um esquema baseado em duas equações que se complementam:

$$\begin{cases} t = x \times t_{1/2} \\ m_f = \dfrac{m_i}{2^x} \end{cases}$$

A primeira estabelece que o tempo decorrido é um determinado número de meias-vidas (x). A segunda calcula o decaimento, no qual a massa final é igual a massa inicial dividida por 2^x.

Em nosso problema, temos: $t = 66$ dias, $t_{1/2} = 11$ dias, $m_f = 0,5$ g, $m_i = ?$.
Assim, a primeira equação se torna $66 = x \times 11 \Rightarrow x = 6$ meias-vidas.
A segunda equação se torna:

$$m_f = \frac{m_i}{2^x} \Rightarrow 0,5 = \frac{m_i}{2^6} \Rightarrow mi = 0,5 \times 64 \text{ g} = 32 \text{ g}$$

6   A

Neste problema fazemos: $t = ?$; $t_{1/2} = 24000$ anos; $m_i = 1$; $m_f = 1/16$. Assim:

$$m_f = \frac{m_i}{2^x} \Rightarrow \frac{1}{16} = \frac{1}{2^x} \Rightarrow x = 4 \text{ meias} - \text{vidas}$$

$t = 4 \times 24000$ anos $= 96000$ anos.

7   A

Neste problema fazemos: $t = 12$ h; $t_{1/2} = 6$ h; $m_i = ?$; $m_f = 500$ mg. Assim:
$t = x \times t\frac{1}{2} \Rightarrow 12 = x \times 6 \Rightarrow x = 2$ meias-vidas. Logo:

$$m_f = \frac{m_i}{2^x} \Rightarrow 500 \text{ mg} = \frac{m_i}{2^2} \Rightarrow m_i = 500 \times 4 \text{ mg} = 2000 \text{ mg} = 2 \text{ g}$$

8   B

Neste problema fazemos: $t = 10000$ anos; $t_{1/2} = ?$; $a_i = 6 \times 10^{12}$ dpm; $a_f = 3 \times 10^{-3}$ dpm. Assim:
$t = 51 \times t_{1/2} \Rightarrow 10000$ anos $= 51 \times t\frac{1}{2} \Rightarrow 10000$ anos $/ 51 = 196,08$ anos $\cong 200$ anos.

9   A

Comentaremos todas as opções:

A   Se a meia-vida do ^{238}U (4,468 × 10^9 anos) é aproximadamente igual à idade da Terra, hoje existe aproximadamente 50% da do ^{238}U original.

B   Daqui a 10 bilhões terão se passado 3 meias-vidas do ^{238}U. Logo, haverá ⅛ (12,5%) do ^{238}U original.

C   Há núcleos de ^{238}U se desintegrando no instante em que você lê este texto.

D   A quantidade do ^{238}U sofre diminuição (imperceptível) dia após dia.

E   Quando a Terra atingir a idade de 10 bilhões de anos, terão se passado 2 meias-vidas. Logo, haverá ¼ (25%) do ^{238}U original.

10   B
Neste problema fazemos: t = ?; $t_{½}$ = 5600 anos; a_i = 16 dpm; a_f = 10 dpm. Assim:

$$a_f = \frac{a_i}{2^x} \Rightarrow 10 = \frac{16}{2^x} \Rightarrow 2^x = \frac{16}{10} \Rightarrow x \log 2 = 4 \log 2 - 1 = 1,20 - 1 = 0,20 \Rightarrow x = \frac{0,20}{0,30} = \frac{2}{3}$$

$$t = \frac{2}{3} \times 5600 \text{ anos} = 3733,33 \text{ anos} \simeq 3700 \text{ anos}$$

11   D

A   F   fusão nuclear libera energia, não absorve.

B   F   o principal problema da fissão nuclear é o lixo atômico, constituído por rejeitos radioativos.

C   F   no Sol, como em todas as estrelas, a energia vem de processos de fusão nuclear.

D   V   é uma das possíveis reações de fissão nuclear do ^{235}U.

E   F   as primeiras bombas atômicas foram de fissão, e não de fusão.

12   D
10 dias correspondem a 2 meias-vidas. A amostra se reduz à quarta parte: 25 µg.

11...Introdução à Química Orgânica

1   D
A fórmula da vitamina K3 é $C_{11}H_8O_2$.

2   D
São 14 ligações σ, 4 ligações π e a hibridação de todos os carbonos, tanto os do anel aromático quanto o da carbonila aldeídica, é sp^2 (ângulos de 120°).

3   A
A fórmula do indol é C_8H_7N, e apresenta 4 ligações π. Você percebeu que a molécula do indol é planar? Há um anel benzênico, e um pentagonal nitrogenado: há aromaticidade nos

dois anéis (o par não ligante do nitrogênio participa da ressonância do anel pentagonal). Assim, o indol não apresenta a basicidade típica das aminas.

4   A

A fórmula do limoneno é $C_{10}H_{16}$, e apresenta duas ligações π.

5   E

Uma das possibilidades de montar tal cadeia é apresentada a seguir, com um total de 11 átomos de carbono.

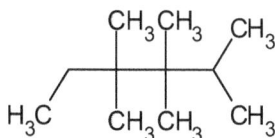

6   C

Numeramos todos os átomos de C e N da molécula da nicotina, iniciando pelo nitrogênio do anel pentagonal. NATURALMENTE NÃO É ESTA A NUMERAÇÃO PARA NOMENCLATURA.

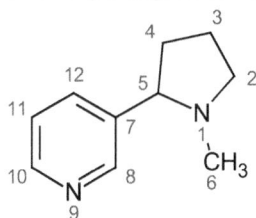

São secundários os carbonos de números 3, 4, 5, 11 e 12.

De agora em diante neste capítulo, nosso Resumo de Funções Orgânicas (páginas 15 a 18) deve ser seu companheiro!

7   A

I	V	Por definição.
II	F	Alcenos são hidrocarbonetos abertos com uma única dupla ligação. Podem ter cadeias normais ou ramificadas. O menor alceno ramificado é o metil propeno, C_4H_8.
III	V	Ciclanos são hidrocarbonetos cíclicos saturados, de fórmula geral C_nH_{2n}. O menor ciclano é o ciclopropano, C_3H_6.
IV	F	Bromo benzeno, C_6H_5Br, não é um hidrocarboneto; naftaleno, $C_{10}H_8$, é.

metil propeno	ciclopropano	bromo benzeno	naftaleno

8   C

A	F	Se é um hidrocarboneto, a cadeia tem que ser homogênea.
B	F	São 11 duplas ligações.
C	V	Contamos 40 átomos de carbono. Logo, um alcano teria 82 hidrogênios. Descontamos os hidrogênios agora: 2 por cada ligação π e também 2 por cada ciclo: 82 − 11 × 2 − 2 × 2 = 56. $C_{40}H_{56}$.
D	F	São 20 os carbonos secundários.
E	F	Alcinos são hidrocarbonetos abertos com uma única tripla ligação.

9   D

O antraceno é um hidrocarboneto aromático policíclico de núcleos condensados. Sob temperatura ambiente, é um sólido incolor que sublima facilmente.

10   E

Muito fácil perceber que a função em comum é **fenol**, caracterizada pelo grupo OH (hidroxila) ligado diretamente ao anel aromático. Observe, acompanhado pelo Resumo de Funções Orgânicas, que as funções **éster** e **álcool** (presentes na múltipla escolha) não estão presentes em nenhum dos compostos. A função **aldeído** está presente na vanilina. A função **cetona** está presente na gingerona e na p-hidroxi-fenol-2-butanona. A função **éter**, ausente na múltipla escolha, está presente na gingerona, no eugenol e na vanilina.

11   E

Na cadeia do etanoato de propila nenhum átomo de carbono é terciário ou quaternário.

12   D

As funções oxigenadas presentes são éster, ácido carboxílico e amida. Também está presente a função amina, que não é oxigenada. A fórmula molecular do aspartame é $C_{14}H_{18}N_2O_5$, que conduz a uma massa molar de 294 g/mol. Como há 14 átomos de carbono, a percentagem de carbono é:

$$\%C = \frac{14 \times 12}{294} \times 100\% = 57,14\%$$

13   C

A fórmula molecular é $C_{10}H_{20}O$ (numa substância contendo apenas C, H e O o número de hidrogênios não pode ser ímpar); o mentol apresenta 4 carbonos secundários; seu anel não é aromático, e ele é um álcool.

14   A

Basta ver que a cadeia principal apresenta 5 átomos de carbono.

15   A

C_nH_{2n+2} para n = 8 é C_8H_{18}.

16   D

![ácido benzoico]	![fenol]
ácido benzoico	fenol

17 B

Hidróxi-benzeno é o fenol comum; fenóxido de sódio ou fenolato de sódio é um sal de fenol (fenóis apresentam alguma acidez); observe na estrutura do ácido salicílico que a hidroxila fenólica está na posição orto (e não para) em relação à carboxila; e que todos os compostos orgânicos apresentados são aromáticos.

18 C

Vamos calcular o número de mols a partir de uma base de cálculo de 100 g. Depois transformamos estes números de mols numa *proporção* de números de mols, dividindo todos os números de mols obtidos pelo menor valor deles:

$$n(C) = \frac{81,82}{12} = 6,818 \qquad n(H) = \frac{6,06}{1} = 6,06 \qquad n(O) = \frac{12,12}{16} = 0,758$$

$$C \Rightarrow \frac{6,818}{0,758} \cong 9 \qquad H \Rightarrow \frac{6,06}{0,758} \cong 8 \qquad O \Rightarrow \frac{0,758}{0,758} \cong 1$$

Assim, a fórmula molecular do cinamaldeído é C_9H_8O. Sua estrutura (que você naturalmente não poderia adivinhar) está colocada ao lado:

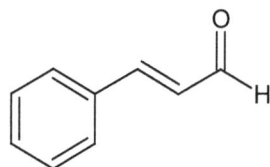

19 C

Cicloexano não é um hidrocarboneto aromático, é um ciclano.

12...Propriedades dos Compostos Orgânicos

1 C

Observe a quantidade de grupos OH (4) na molécula da vitamina C, que permitem a formação de ligações (pontes) de hidrogênio com as moléculas da água, tornando a vitamina C hidrossolúvel. O grupo OH é um dipolo permanente.

2 D

Descartamos a opção **C**, uma vez que a platina é um metal, logo um bom condutor no estado sólido. Descartamos os compostos iônicos, opções **A** e **B**, que conduzem corrente elétrica quando fundidos. Restam os compostos moleculares: a sacarose, cuja solução aquosa é molecular (não condutora), e o ácido cis-butenodioico, conhecido como ácido maleico. Este, como todo ácido, sofre ionização em solução aquosa, liberando cátions $H^+(aq)$, tornando a solução condutora.

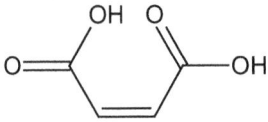

O ácido maleico apresenta p.f. = 135 °C, logo é sólido em temperatura ambiente. Observe a ligação (ponte) de hidrogênio **intramolecular**.

3   A

Descartamos imediatamente a água, o 1-propanol e o glicerol, que apresentam ligações (pontes) de hidrogênio, reduzindo a volatilidade. Entre o n-butano e o n-octano, o n-butano é mais volátil, devido à sua baixa molar. Em verdade, o n-butano é um gás em temperatura ambiente (p.e. = −0,5 °C).

4   D

O enunciado é um pouco assustador, mas a questão é bem simples. Se os cães farejam melhor o DNT do que o TNT, é porque há mais vapor de DNT no ar. DNT é mais volátil que TNT, devido à sua massa molar: DNT (182 g/mol), TNT (227 g/mol).

5   C

São verdadeiras as afirmações I e IV. Para I basta inspecionar o gráfico da página 58. Para IV observe que o aumento da molécula aumenta o número de pontos de contato entre as moléculas.

6   C

A   F   A cadeia é saturada. Comprove:

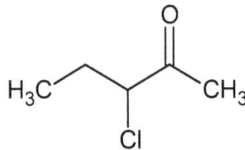

B   F   Pentanal é um aldeído.

C   V

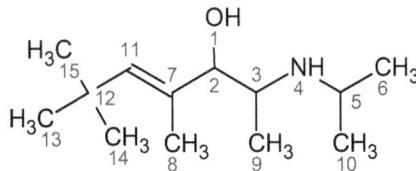

Quaternário é o C 12, terciário é o C 7, secundários são os C 11, 1, 3 e 5. Os demais carbonos são primários.

D   F   A ordem correta é pentanal (sem pontes) < 1-pentanol (com pontes).

E   F   Os três cloros do ácido tricloroacético conferem a ele uma notável acidez, sendo o ácido mais forte dentre os apresentados.

7   D

A	F	etanol (78,4 °C) < 1-propanol (97 °C); maior massa molar.
B	F	metoxi metano (−23 °C) < etanol (78,4 °C); polaridade.
C	F	n-hexano < n-heptano; gráfico da página 78.
D	V	trimetilamina (3 °C) < propilamina (48 °C); propilamina apresenta ligações de hidrogênio; trimetilamina não.
E	F	trimetilamina (3 °C) < dimetilamina (7 °C); dimetilamina apresenta ligações de hidrogênio; trimetilamina não.

8   E

Todos os compostos apresentados são álcoois contendo uma única hidroxila. Em ordem de apresentação temos suas fórmulas moleculares e massas molares:

A C_2H_6O	**B** C_3H_8O	**C** $C_7H_{16}O$	**D** C_3H_8O	**E** $C_5H_{12}O$
46 g/mol	60 g/mol	116 g/mol	60 g/mol	88 g/mol

A maior massa molar, e consequentemente o maior p.e, é o 1-heptanol, opção C, que apresenta p.f. = −34,6 °C e p.e. = 175,8 °C, sendo um líquido em temperatura ambiente. Espero que você não tenha marcado a opção E, por ela ser *maior*...

9   D

Um umectante deve ter alta afinidade pela água. Logo, múltiplas hidroxilas como o 1,2,3-propanotriol ou glicerol ou glicerina o fazem muito usado como umectante e agente suavizante em doces, bolos e sorvetes, retardando a cristalização do açúcar.

10   D

Uma série homóloga é uma série de compostos orgânicos com propriedades químicas similares, cujos membros diferem entre si de um grupo CH_2. Pertencem a uma mesma função. Por exemplo, a série homóloga dos alcanos é metano (CH_4), etano (C_2H_6), propano (C_3H_8), butano (C_4H_{10}), ...

11   C

butano, C_4H_{10}	1-butanol, $C_4H_{10}O$	ácido butanoico, $C_4H_8O_2$

I	V	Veja as fórmulas.
II	F	Butano é apolar, e o 1-butanol é polar, logo é mais solúvel em água do que o o butano. As solubilidades em água a 20 °C são 61 mg·L^{-1} e 90 g·L^{-1}.
III	V	Os p.e. do 1-butanol e do ácido butanoico são, respectivamente, 117,7 °C e e 163,5 °C (ambos polares, mas o ácido butanoico tem maior massa molar $(C_4H_{10}O \equiv 74$ g/mol e $C_4H_8O_2 \equiv 88$ g/mol).

IV   F   Butano é um gás (ver gráfico da página 78) e ácido butanoico é um líquido em temperatura ambiente (p.f. = −5 °C).

13...Combustíveis

1   C

A equação já está balanceada. Logo, podemos escrever:

$$n(C_3H_8) = \frac{n(CO_2)}{3} \Rightarrow \frac{m}{MM}(C_3H_8) = \frac{V}{3 \times VM}(CO_2) \Rightarrow \frac{4,40}{44} = \frac{V}{3 \times 22,4} \Rightarrow V = 6,72\,L$$

2   B

Numa prova esta questão faria muitas vítimas! Observe que 12 g de carvão (1 mol de C) necessitam 32 g de oxigênio (1 mol de O_2) para sua queima completa. Assim, vemos que não há oxigênio disponível para que as duas etapas se completem.
A primeira etapa assim se passa:

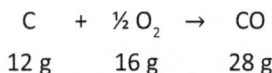

$$C \quad + \quad \tfrac{1}{2}O_2 \quad \rightarrow \quad CO$$
$$12\,g \qquad 16\,g \qquad 28\,g$$

Foram consumidos 12 g de carbono (não resta C) e 16 g de oxigênio (restando apenas 8 g de O_2). Assim, na segunda etapa, o oxigênio é o reagente limitante. Observe:

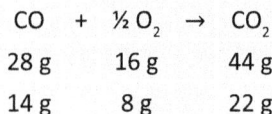

$$CO \quad + \quad \tfrac{1}{2}O_2 \quad \rightarrow \quad CO_2$$
$$28\,g \qquad 16\,g \qquad 44\,g$$
$$14\,g \qquad 8\,g \qquad 22\,g$$

Foram consumidos 14 g de CO (restaram 14 g) e 8 g de O_2 (não restou O_2), sendo produzidos 22 g de CO_2. Assim, o sistema final é formado por 14 g de CO e 22 g de CO_2. Observe a conservação das massas (12 + 24) = (14 + 22).

3   C

A combustão dos hidrocarbonetos é exotérmica: afirmação I é falsa e II é verdadeira. A equação balanceada é $C_3H_8 + 5\,O_2 \rightarrow 3\,CO_2 + 4\,H_2O$. Ela mostra qe as afirmativas III e IV são corretas. Logo, II, III e IV são as afirmativas corretas.

4   E

Primeiramente balanceamos a equação de combustão:
$C_6H_6O + 7\,O_2 \rightarrow 6\,CO_2 + 3\,H_2O$ ΔH = ?
ΔH = 6 × H(CO_2) + 3 × H(H_2O) − H(C_6H_6O) = 6 × (−394) + 3 × (−286) − (−165) = −3057.
A reação é exotérmica (naturalmente) e libera 3057 kJ. Nunca é demais lembrar que H(O_2) = 0 (substância simples na variedade alotrópica mais estável).

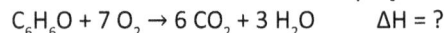

5   B

A entalpia de combustão do dodecano é −7500 kJ/mol, e a massa molar é 170 g/mol. Assim, a energia liberada por grama é:

$$\frac{7500\,kJ/mol}{170\,g/mol} = 44,12\,kJ/g$$

Usando o mesmo procedimento para o hidrogênio:

$$\frac{280\,kJ/mol}{2\,g/mol} = 140\,kJ/g$$

Assim, a massa de hidrogênio necessária para igualar a liberação energética de 1 g de dodecano é:

$$\frac{44,12}{140}\,g = 0,315\,g$$

6   B

Vamos determinar o volume de diesel consumido por ambos os caminhões:

$$50\,km/h \times 20\,h \times 1\,L/4\,km = 250\,L$$

Assim, a massa de diesel consumido é m = d × V = 0,8 kg/L × 250 L = 200 kg.

Observe que diesel metropolitano o teor de enxofre é 2000 mg/kg, ou seja 2 g/kg, e que no diesel S-500 é a quarta parte disto, 500 mg/kg = 0,5 g/kg.

Logo, no percurso feito pelo caminhão com diesel metropolitano foram queimados 2 g/kg × 200 kg = 400 g de enxofre. No caminhão com diesel S-500 a quarta parte disto, ou seja, 100 g de enxofre.

Assim, deixou-se de queimar 300 g de enxofre. A transformação de S em SO_2 é tal que n(S) = n(SO_2):

$$\frac{m}{MM}(S) = \frac{m}{MM}(SO_2) \Rightarrow \frac{300}{32} = \frac{m}{64}$$

Assim, a redução de lançamento de SO_2 no meio ambiente foi de m = 600 g.

7   E

A equação balanceada de queima do metano é $CH_4(g) + 2\,O_2(g) \rightarrow CO_2(g) + 2\,H_2O(g)$. Assim, para a queima de um volume V de CH_4 é necessário um volume 2V de O_2. Ou seja, são necessários 120,0 L de O_2 para queimar os 60,0 L de CH_4. Como o O_2 é 20% do ar em volume, são necessários:

$$V(ar) = \frac{V(O_2)}{0,20} = \frac{120,0}{0,2}\,L = 600,0\,L$$

Bibliografia

BABOR, Joseph A. e IBARZ AZNÁREZ, José. *Química General Moderna*. Barcelona: Editorial Marín, 1964.

BRADY, James E. e HUMISTON, Gerard. E. *Química Geral, volumes 1 e 2*. Rio de Janeiro: LTC – Livros Técnicos e Científicos, 1994.

COTTON, F. Albert e WILKINSON, Geoffrey. *Advanced Inorganic Chemistry*. New York: Interscience Publishers, 1967.

GENTIL, Vicente. *Corrosão*. Rio de Janeiro: Editora Guanabara, 1987.

HARVEY, Kenneth B. e PORTER, Gerald B. *Introduction to Physical Inorganic Chemistry*. Reading: Addison-Wesley Publishing Company, 1963.

HOFFMANN, Roald e TORRENCE, Vivian. *Chemistry imagined: reflections on Science*. Washington: Smithsonian Institution Press, 1993.

KAPLAN, Irving. *Nuclear Physics*. Reading: Addison-Wesley Publishing Company, 1969.

LANGE, Norbert A. *Handbook of Chemistry*. New York: McGraw-Hill Book Company, 1966.

MAHAN, Bruce H. *University Chemistry*. Palo Alto: Addison-Wesley Publishing Company, 1966.

MOELLER, Therald. *Inorganic Chemistry – An Advanced Textbook*. New York: John Wiley & Sons, Inc., 1965.

MORRISON, Robert T. e BOYD, Robert N. *Organic Chemistry*. Boston: Allyn and Bacon, Inc., 1963.

PAULING, Linus. *Química Geral*. Rio de Janeiro: Ao Livro Técnico, 1972.

PAULING, Linus. *Uniones Químicas*. Buenos Aires: Editorial Kapelusz, 1965.

OHLWEILER, Otto Alcides. *Química Inorgânica, volumes I e II*. São Paulo: Editora Edgard Blücher, 1971.

RODGERS, Glen E. *Química Inorgânica*. Madrid: McGraw-Hill, 1994.

ROSENBERG, Jerome L. e EPSTEIN, Lawrence M. *Química Geral*. Porto Alegre: Bookman, 2003.

SACKS, Oliver W., *Tio Tungstênio: memórias de uma infância química*. São Paulo: Companhia das Letras, 2002.

SANTOS, Nelson. *Problemas de Físico-Química – IME • ITA • Olimpíadas*. Rio de Janeiro: Editora Ciência Moderna Ltda., 2007.

SANTOS, Nelson e CAMPOS, Eduardo. *Treinamento em Química – IME • ITA • Unicamp*. Rio de Janeiro: Editora Ciência Moderna Ltda., 2009.

SANTOS, Nelson. *Desafio em Química – ITA • IME • Olimpíadas • Monbukagakusho*. Goiânia: Editora Opirus, 2010.

SANTOS, Nelson. *Treinamento em Química – EsPCEx, 2ª edição*. Rio de Janeiro: Editora Ciência Moderna Ltda., 2011.

SANTOS, Nelson e ANTUNES, Alexandre. *Treinamento em Química – Monbukagakusho*. Rio de Janeiro: Editora Ciência Moderna Ltda., 2011.

SANTOS, Nelson. *70 Problemas Cabulosos de Química – em nível IME • ITA*. Rio de Janeiro: Editora Ciência Moderna Ltda., 2011.

SANTOS, Nelson e MENEZES, Everton. *Química no Vestibular da ESCS*. Brasília: Nelson do Nascimento Silva dos Santos (editor), 2012.

SANTOS, Nelson. *Treinamento em Química • Soluções • Dosagens • Coligativas*. Rio de Janeiro: Editora Ciência Moderna Ltda, 2013.

SANTOS, Nelson e CABRAL, Gabriel. *Treinamento em Química – EsPCEx, volume II*. Rio de Janeiro: Editora Ciência Moderna Ltda, 2013.

SANTOS, Nelson e SOUZA, Luís Cícero de. *Treinamento em Química – Radioatividade*. Rio de Janeiro: Editora Ciência Moderna Ltda, 2015.

SANTOS, Nelson. *Problemas de Físico-Química – Um Legado*. Rio de Janeiro: Editora e Livraria XYZ Ltda - ME, 2016.

SANTOS, Nelson e CABRAL, Gabriel. *EsPCEx no Século XXI – Química*. Rio de Janeiro: Editora e Livraria XYZ Ltda - ME, 2016.

SANTOS, Nelson e CABRAL, Gabriel. *Decifrando o ENEM – Química*. Rio de Janeiro: Editora e Livraria XYZ Ltda - ME, 2016.

SIENKO, Michell J. e PLANE, Robert A. *Química*. São Paulo: Companhia Editora Nacional, 1972.

UCKO, David A. *Química para as Ciências da Saúde*. São Paulo: Editora Manole, 1992.

WOLKE, Robert L. *O que Einstein disse a seu cozinheiro*. Rio de Janeiro: Jorge Zahar Editor, 2003.

Louvai ao **SENHOR**. Louvai a Deus no seu santuário; louvai-o no firmamento do seu poder.
Louvai-o pelos seus atos poderosos; louvai-o conforme a excelência da sua grandeza.
Louvai-o com o som de trombeta; louvai-o com o saltério e a harpa.
Louvai-o com o tamborim e a dança, louvai-o com instrumentos de cordas e com órgãos.
Louvai-o com os címbalos sonoros; louvai-o com címbalos altissonantes.
Tudo quanto tem fôlego louve ao **SENHOR**. Louvai ao **SENHOR**.

Salmos 150

.